PASSES E CURAS ESPIRITUAIS

WENEFLEDO DE TOLEDO

PASSES E CURAS ESPIRITUAIS

Editora
Pensamento
SÃO PAULO

Copyright © 1953 Editora Pensamento-Cultrix Ltda.

1ª edição 1953.

38ª reimpressão 2024.

Desenhos e ilustração do médium espírita Joaquim Alves.

Todos os direitos reservados. Nenhuma parte deste livro pode ser reproduzida ou usada de qualquer forma ou por qualquer meio, eletrônico ou mecânico, inclusive fotocópias, gravações ou sistema de armazenamento em banco de dados, sem permissão por escrito, exceto nos casos de trechos curtos citados em resenhas críticas ou artigos de revistas.

Direitos reservados
EDITORA PENSAMENTO-CULTRIX LTDA.
Rua Dr. Mário Vicente, 368 – 04270-000 – São Paulo, SP – Fone: (11) 2066-9000
http://www.editorapensamento.com.br
E-mail: atendimento@editorapensamento.com.br
Foi feito o depósito legal.

ÍNDICE

PRIMEIRA PARTE

Prefácio de Emmanuel	15
Apresentação do Dr. Sérgio Valle	19
Uma Explicação	24
Gratidão	25
DE GRAÇA RECEBESTES, DE GRAÇA DAI	26
Médiuns Passistas	29
Opinião Autorizada Sobre o Passe	34

INTRODUÇÃO

Princípios fundamentais, médium curador e sua mediunidade — Forças que se conjugam para a elevação do médium — Roteiro para os médiuns curadores — Reforma Moral — Leis dos contrários e dos semelhantes — Força centrífuga e centrípeta — Energia cósmica e vibrações — Conjugação das forças: Pensamento, Vontade e Ação — Recomendações doutrinárias .. 36

Aura Humana 42

SEGUNDA PARTE

LIÇÃO PRIMEIRA

Ligeiras noções sobre anatomia humana. Vantagens desse estudo para esclarecimento dos médiuns curadores. Desenhos ilustrativos. Importância para diagnóstico das doenças 53

LIÇÃO SEGUNDA

Ligeiras Noções Sobre Fisiologia

Importância desses conhecimentos com aplicação nos tratamentos dos doentes — Ação do aparelho digestivo em consonância com a mediunidade — Circulação do sangue — Pulmões, rins, fígado e coração e sua subordinação às enfermidades mediúnicas 65

LIÇÃO TERCEIRA

Ligeiras Noções Sobre Patologia

Estudo das doenças materiais e espirituais — Aplicação dos fluidos reparadores nos tecidos lesados pelas enfermidades — Auto-intoxicação — Patologia fluídica — Predisposições — Patogêneses das enfermidades infantis 70

LIÇÃO QUARTA

Ligeiras Noções Sobre o Estudo do Sistema Nervoso e dos Plexos

Sistema Nervoso Central — Sistema do Grande Simpático — Os nervos e os gânglios — Os plexos nervosos e sua importância na aplicação dos passes — Plexo Solar (também chamado o pequeno cérebro abdominal) — Sensibilidade do sistema nervoso 75

LIÇÃO QUINTA

Estudo dos Fluidos

Fluido é elemento Universal — Eternização e materialização dos fluidos e seus estados — Modificação dos fluidos — O ímã do barão de Reichembach e seus médiuns sensitivos — Lado positivo e lado negativo do corpo humano — Ação dos fluidos sobre o corpo físico e o corpo espiritual do homem 85

LIÇÃO SEXTA

Preparo Físico, Moral e Espiritual dos Médiuns Curadores

Preparação do corpo e do espírito — Preparação moral e intelectual — Alimentação e líquidos — *"Qui nimis alitur, non satis alitur"* — Preparo espiritual dos médiuns curadores — Atmosfera fluídica do homem — Preparo moral e suas vibrações .. 91

LIÇÃO SÉTIMA

Preparo dos Pacientes
Ambiente familiar — Posição moral do doente — Estado de receptividade — Condição espiritual 98

LIÇÃO OITAVA

Contato Mediúnico com o Doente
Contato com o paciente presente — Contato com o paciente a distância — Contato espiritual com o doente — Sinais que denunciam o contato estabelecido — Falta de sinais físicos e o contato espiritual 103

LIÇÃO NONA

Imposição das mãos
Histórico da "imposição das mãos" — Colocação das mãos sobre a cabeça do enfermo — Colocação de uma só mão — "Inposição" calmante — "Imposição irritante" — Regras a observar — "Imposição dupla" — "Imposição simples" 109

LIÇÃO DÉCIMA

Passes
Divisão dos passes — Passes magnéticos — Passes mediúnicos — Passes espirituais — Técnica dos passes — Porque não se pode cruzar as pernas na concentração e na recepção do passe — Passes longitudinais, rotatórios e de dispersão de fluidos — Técnica do sopro 114

TERCEIRA PARTE

LIÇÃO DÉCIMA PRIMEIRA

Fluidificação da Água
Processo da fluidificação da água — Sua utilidade no tratamento das doenças — Fluidificação da água pelos Espíritos 137

LIÇÃO DÉCIMA SEGUNDA

Cooperação dos Espíritos
Trabalhos combinados entre médiuns e Espíritos — Curas maravilhosas 150

LIÇÃO DÉCIMA TERCEIRA

Tratamento Individual e em Grupos

Organização das sessões de curas — Hora de trabalhos prefixada — Grupo de médiuns em ação — Valor do silêncio — Escolha dos médiuns especializados 154

LIÇÃO DÉCIMA QUARTA

Auto-Passe

Método para emprego do auto-passe — Condição para sua aplicação — Auxílio dos Espíritos 159

LIÇÃO DÉCIMA QUINTA

Magnetismo da Música

Porque se faz música suave — Músicas violentas são forças perturbadoras 163

LIÇÃO DÉCIMA SEXTA

Sensibilidade Fluídica dos Animais e das Plantas

Plantas sensíveis ao contato exterior — Sensibilidade dos animais irracionais — Plantas de boa e má influenciação — Fluido benéfico das matas para refazimento de energias enfraquecidas — Lugares saudáveis — Lugares de más influenciações .. 169

LIÇÃO DÉCIMA SÉTIMA

Sensibilidade do Corpo Humano e do Espírito 172

ÍNDICE DOS TÍTULOS E SUBTÍTULOS

Primeira Parte

Reforma Moral	38
Colorações da Aura	43
Lei do Equilíbrio	44
Fôrça Magnética	45
Preparo do Corpo Físico: condições básicas	46

Segunda Parte

Esqueleto Humano	54
Crânio	56
Aparelho Digestivo	57
Intestinos	58
Aparelho Urinário	59
Tronco do Esqueleto	60
Vista Lateral do Tronco	61
Estômago	62
Fígado	63
Pulmões	64
Circulação do Sangue	66
Rins	67
Digestão	68
Causas das Doenças	70
Corpo Doente	71
Predisposição Orgânica	72
Predisposição Cármica	72
Predisposição Atraída	72
Predisposição Hereditária	74
Predisposição do Ambiente	74
Patogênese das Enfermidades Infantis	75
Vias de Infecção	75
Plexos	77
Emissão de Fluidos	85
Preparo Físico	91
Preparo Moral	93
Desdobramento do Espírito	94
Preparo Espiritual	95

Atmosfera do Homem 96
Ambiente Familiar 100
Posição Mental do Doente 101
Estado de Receptividade 101
Estado Espiritual 102
Contato Mediúnico com o Doente 103
Contato com o Paciente Presente 104
Contato com o Paciente a Distância 104
Contato Espiritual com os Mentores 105
Contato Espiritual com Pessoas Desconhecidas 105
Sinais que Denunciam o Contato Estabelecido 106
Posições Corretas para Concentrações 107
"Imposição Dupla" 110
"Imposição Simples" 111
"Imposição' Calmante 112
"Imposição" Irritante 112
Regras a Observar 112
Passes Magnéticos 114
Quadro Demonstrativo 115
Passes de Mãos Combinadas 116
Classificação do Passe 116
Técnica dos Passes 118
Passes Mediúnicos 123
Passe Espiritual 125
Tempo dos Passes 125
Porque Não se Deve Tocar o Doente Com as Mãos 129
Porque Não se Deve Cruzar as Pernas e os Braços 129
Passes de Baixo Para cima 130
Passe a Distância 130
Sopro Curador 131
Água Fluida 137

TERCEIRA PARTE

Influenciação 145
Desarmonia Psíquica 147
Espírito Vingador 147
Obsessão 149
Possessão 150
Perigo de Contágio 156
Escolha de Médiuns Especializados 156
O Silêncio 156
Auxílio dos Espíritos no Auto-Passe 160
Terapêutica dos Fluidos 164
Aura Material 167
Aura Amorosa 170
Perispírito 173

ÍNDICE DAS GRAVURAS

Equilíbrio Espiritual	n.º	1	38
Aura Reflexiva dos Pensamentos	n.º	2	42
Esqueleto Humano	n.º	3	52
Crânio	n.º	4	54
Aparelho Digestivo	n.º	5	55
Intestinos	n.º	6	56
Aracnídeo	n.º	7	56
Miriápode	n.º	8	56
Aparelho Urinário	n.º	9	57
Tronco do Esqueleto	n.º	10	58
Vista Lateral do Tronco	n.º	11	59
Estudo do Estômago	n.º	12	60
Estudo do Fígado	n.º	13	61
Os Pulmões	n.º	14	62
Esquema da Circulação	n.º	15	64
Os Rins	n.º	16	65
Digestão Alimentar	n.º	17	67
Corpo Doente	n.º	18	69
Desequilíbrio do Corpo Enfêrmo	n.º	19	71
Coração Afetado	n.º	20	72
Aparelho Digestivo	n.º	21	74
Sistema Nervoso	n.º	22	76
Medula Alongada	n.ºs	23, 24	77
Perfil dos Plexos	n.º	25	79
Cordões e Gânglios	n.º	26	81
Ímã de Reichembach	n.º	27	84
Polaridade Magnética do Corpo	n.º	28	86
Emissão de Fluidos pelas Mãos	n.º	29	88
Desdobramento do Espírito	n.º	30	92
Atmosfera do Homem	n.º	31	94
Posição Sentada	n.º	32	106
Posição deitada	n.º	33	106
Posição em Pé	n.º	34	107
Imposição Dupla	n.º	35	108
Imposição Dupla no Tórax	n.º	36	110
Imposição Simples no Tórax	n.º	37	110
Imposição Dupla Deitado	n.º	38	113

Mãos Combinadas	n.º	39	115
Passes Rotatórios	n.º	40	116
Passes com Médium ao Lado	n.º	41	117
Imposição Simples Sobre o Epigástrio	n.º	42	118
Passe de Ação Profunda	n.º	43	118
Imposição Dupla na Nuca	n.º	44	119
Imposição no Plexo Cervical	n.º	45	120
Imposição Sobre os Ombros	n.º	46	120
Imposição Sobre os Rins	n.º	47	121
Imposição Sobre os Tornozelos	n.º	48	121
Imposição Sobre o Occipital	n.º	49	122
Tempos de Passe	n.ºs	50, 51, 52, 53, 54	124
Passes de Grandes Correntes	n.º	55	126
Passes Perpendiculares	n.º	56	127
Sopro Quente	n.º	57	132
Sopro Frio	n.º	58	133
Magnetização da Água no Corpo	n.ºs	59, 60	136
Fluidificação da Água em Garrafa	n.ºs	61, 62	137
Fluidificação da Água em Jarra	n.ºs	63, 64	138
Magnetização da Água em Banheira	n.ºs	65, 66	139
Influenciação boa	n.º	67	144
Influenciação pelo Contágio	n.º	68	145
O Vingador Espiritual	n.º	69	146
Alucinação Mental	n.º	70	147
Possessão	n.º	71	148
Criações Fluídicas Espirituais	n.º	72	149
Imposição Sobre os Ouvidos	n.º	73	163
Escolta Sinistra dos Maus Espíritos	n.º	74	164
Aura Material das Coisas	n.º	75	165
Aura Amorosa	n.º	76	169
Perispírito Humano	n.º	77	172
Influenciação Má	n.º	78	173

1.ª PARTE

APRESENTAÇÃO

E

PARTE DOUTRINÁRIA

PREFÁCIO

Irmão Wenefledo, muita paz.
Trabalhar pela difusão do magnetismo curador é ajudar a Humanidade a desvencilhar-se dos grilhões do sofrimento.
Todos os campos culturais da Terra vão recebendo nova Luz.
A química e a física evoluem para os prodígios da força nuclear.
A fisiologia avança, na solução de preciosos enigmas da vida.
A astronomia contempla novas galáxias pelos olhos mágicos dos grandes telescópios, descobrindo novos domínios do Universo.
A medicina adianta-se nos processos de curar.
A radiofonia elimina as fronteiras das nações.
A arte, embora torturada pelos impulsos de renovação caminha e progride.
A indústria realiza milagres.
As aflições mentais, contudo, são ainda o mesmo suplício de todos os séculos. E só a educação pode apagá-las. Educação espiritual que restaure o coração e reajuste o cérebro para bem pensar.
Sabemos hoje que o pensamento é energia criadora, com todas as qualidades positivas para materializar os nossos mais recônditos desejos e, atentos à realidade de que cada espírito transporta consigo o mundo que lhe é próprio, nascido dos

ideais e das aspirações, dos propósitos e das atitudes que cultiva, é indispensável acordar em nós a força construtora do bem, exteriorizando-a, em todas as direções, porque somente nessa diretriz colocar-nos-emos em sintonia com a Lei.

Enquanto a incompreensão e a discórdia, o ciúme e a vaidade, filhos cruéis do ódio e de egoísmo, erguem cárceres e trevas para a mente humana, aprisionando-a em autênticas cristalizações de dor, espalhemos a boa vontade e a cooperação fraterna, a simplicidade e o serviço aos semelhantes, filhos abençoados do amor e da harmonia, que nos libertam o espírito, descortinando-nos gloriosos horizontes da vida eterna. O seu livro de estudos, em torno dos trabalhos magnéticos de socorro e de cura, é admirável empresa, em que a instrumentalidade do seu sentimento e da sua inteligência traduziu primorosas lições e salvadores apelos de abnegados Benfeitores da Espiritualidade Santificante, que lhe assistem as tarefas da mediunidade redentora.

Tudo é magnetismo na Vida Universal.

Entre os mundos é gravitação.

Entre as almas é simpatia.

E como sabemos que há correntes de simpatia para o mal que arrastam as criaturas para tenebrosos sorvedouros de flagelação, trabalhemos destemerosos, na extensão das correntes de simpatia para o bem, as únicas susceptíveis de soerguer-nos à imortalidade vitoriosa.

Jesus impunha as mãos para curar. Entreguemos a Ele o nosso coração, a fim de que as nossas lhe continuem a obra divina na regeneração humana, a começar de nós mesmos, e então o serviço magnético ao alcance de todas as almas ricas de fé e boa vontade — será a nossa vida uma fonte inexaurível de amor, transfundindo os dons do Céu para o aperfeiçoamento e glorificação da Terra que o Senhor nos deu a lavrar e semear.

EMMANUEL

Página recebida na noite de 31-I-1953, pelo médium Francisco Cândido Xavier, em Pedro Leopoldo.

APRESENTAÇÃO

pelo consagrado escritor espírita e médico, Dr. Sérgio Valle.

APRESENTAÇÃO

A teoria electrônica, agora vigente, degradou os átomos dos materialistas da estirpe de Büchner, Haeckel e Huxley. Tais sacerdotes da filosofia atéia seriam hoje generais inativos e reformados, por falta de munição bélica — a matéria. A base das suas especulações desapareceu do mercado mundial. Quem o diz e quem o prova não é a espiritualidade: é a ciência leiga, o Deus único a que eles curvaram as cabeças orgulhosas. Por coincidência, que precisa ser assinalada, foi o eminente sábio William Crookes, o prodigioso cientista que descobriu o tálio, o electroscópio, o espectroscópio, o fotômetro de polarização, o radiômetro e microspetroscópio; que solucionou problemas concernentes à natureza e à velocidade da luz, remodelando as ciências físico-químicas; que descobriu os raios catódicos, de cujo conhecimento provieram os Raios X, de Roentgen; foi o mesmo médico, físico, químico e astrônomo que deslindou, concomitantemente, duas questões capitais para o espírito humano.

Graças a Croockes, morreu o conceito antigo a respeito da dualidade força e matéria, as quais passaram a significar, respectivamente: eletrônicos, desintegrados, caminhando em ciclo livre; e condensação etérica, em movimento rotatório.

Crookes realizou duas façanhas memoráveis nos domínios da ciência e da filosofia. Desintegrou, analiticamente, a matéria bruta, até os extremos do *estado radiante;* e obteve, mediunicamente, em seus laboratórios, sob igual rigor experimental, a materialização integral de Katie King, *em sessões quase diárias, que duraram 10 meses.* Duas experiências que se completam em mútua contraprova: a desintegração da matéria até o estado radiante e reintegração nela do Espírito que vivia na erraticidade.

Extinguiu-se, deste modo, o reinado do antagonismo entre a força e a matéria, que se harmonizaram na unanimidade: são elas, afinal, *aspectos* da mesma coisa. A solidez e a inércia são ilusões dos nossos sentidos falíveis. Tudo vibra em turbilhão, tudo se agita em redemoinhos: os astros, os homens, os átomos, os eléctrons e os núcleos... A substância não jaz dentro da forma; há, ali, movimento, energia, ondas, vibrações...

Define-se hoje a matéria como sendo uma energia em movimento rotatório, em ciclo fechado; e a energia, como movimento ondulatório, em ciclo aberto, agitando-se no espaço infinito. Fundiu-se a dupla matéria-energia na concepção unitária do movimento. Movimento fechado, ou rotatório. Movimento livre, ou ondulatório.

Que faremos dos materialistas e dos seus dogmas defensores da importância das massas, da eloqüência dos sólidos bem visíveis, premissas com que os seus sentidos físicos elaboravam os mundos e as filosofias?

Nem sequer podemos arquivá-los, piedosamente, tal como enterramos os corpos dos nossos mortos. Desfizeram-se eles, também, no impalpável e no imponderável. Rodopiam hoje nos espaços infinitos, decompondo-se cada vez mais na ciranda interminável dos motos vorticosos.

A matéria espiritualizou-se e escondeu-se no invisível do movimento espiralado.

De tudo sobre-resta o Espírito, a única realidade, que foi entrevista há 4.600 anos pela intuição divinatória do Hermetismo, dois de cujos sete maravilhosos princípios nos ensinaram sempre, através dos séculos, que *tudo é mente e tudo é vibração*.

A novidade científica de hoje é velha de quatro milênios e meio para as ridicularizadas ciências ocultas.

Esta mesma concepção, a que a ciência chegou laboriosamente, e que não precisa ser encarecida, foi enunciada modernamente por Berkeley: *"nenhum objeto existe fora do Espírito que o percebe"*.

O mundo só se transforma em realidade visível e tangível porque preexiste em nós um Espírito imortal que o reflete conscientemente, dando-lhe nascimento e objetividade.

Negá-lo seria contra-senso tão grande como o de uma locomotiva em movimento que dispensasse a prévia existência de um engenheiro-maquinista que a concebeu, a realizou e a guia. É a subjetividade do Espírito que torna a objetividade do mundo uma realidade.

Se os cultores da medicina, desde que esta se emancipou da arte de barbear e aplicar bichas para se transformar na caudal imensa de conhecimentos biológicos, foram, geralmente, os mais atrevidos negadores do Espírito, dentre eles alguns souberam, em todos os tempos, entrever o *quid* psíquico, o psiquismo central e regulador, a presciência de um *desenho vital* ou de uma *idéia diretriz* (Claude Bernard), capaz de explicar a imutabilidade do ser, o ritmo, o equilíbrio, a reconstrução química dos tecidos a autodefesa da fagocitose.

No século corrente, a medicina materialista socorre-se cada dia da transfusão de sangue, no qual existe a força vital capaz de renovar as energias quase extintas de um doente *in articulo mortis*. Mas ainda se ri dos fluidos e dos passes magnéticos que não concebe, porque ainda não se lhe abriram os olhos que vêem no mundo espiritual. Neste domínio, no entanto, fazem-se transfusões de energias capazes de realizar milagres aparentes, tais como os que Jesus Cristo praticou, quando o doente soube ter fé, quando soube concentrar e orientar, em determinado sentido, as forças magnéticas terapêuticas, que irradiam do nosso corpo espiritual.

Dos supostos "milagres" que o Cristo teria realizado (menos o de ressuscitar o Lázaro, se as condições reais do morto eram as descritas — *"il sent mal"*), o ceticismo de Renan — modelo pelo qual se vestem muitos janotas da irreligião sorridente — teve a coragem de afirmar: "E quem ousaria negar que, em muitos casos, salvo o das lesões perfeitamente caracterizadas, o contacto de um indivíduo delicado valha tanto quanto o recurso das farmácias?"

Como "enviado do Pai", Jesus Cristo, a Suprema perfeição humana, era manancial sublimado de força curadora, chame-se-lhe a esta, como Mesmer, fluido magnético; com Barety, força nêurica; ou ectoplasma reparador, ou eletricidade vital, tornada transmissível e irradiável.

A discussão das curas pelo magnetismo foge a ciência materialista pelas portas da sugestão e da hipnose, rejeitadas ambas, durante muito tempo, pelas mais seletas academias. Como se a hipnose e a sugestão não se nos apresentassem como lídimas manifestações anímicas, que alcançam o seu objetivo contrariando ou anulando as leis da matéria, as leis da química e as leis da fisiologia.

Se uma energia estranha ao quimismo celular, se uma energia supranumerária surge, de repente, não se sabe de onde, e desequilibra um sistema fechado de forças fazendo pender um dos braços da balança, como não admitir que qualquer coisa alterou o metabolismo, desobediente, agora, às leis que, antes, respeitava?

A ciência materialista alega que Lick, Bonjour e Block, Goldscheider, During, Jules Cloquet, por ministério exclusivo da sugestão, curaram quase todas as enfermidades. Esdaile. usando passes magnéticos, obteve analgesia para a execução de 600 grandes intervenções cirúrgicas. Apêndices foram extirpados, sob anestesia... hipnótica.

Que esteve fazendo, durante todo este tempo, o onipotente metabolismo celular, o segregador do pensamento, no parecer da ciência sem Deus?

Na realidade, a sugestão, a hipnose, os passes magnéticos mobilizaram e orientaram uma energia cósmica que interpenetra o corpo humano e é capaz de se transfundir a outrem, restabelecendo ou opulentando a vitalidade das correntes fluídicas, em cuja ação medicamentosa não acreditam os que negam a existência do Espírito humano. Negam o animismo porque este implica a possibilidade do Espiritismo.

Tais rebeldes são simples plagiários do Sr. Mabru, que emitiu o seguinte juízo a respeito do hipnotismo: *"Não só a coisa não existe, mas também não pode existir."*

O axioma cartesiano — *Penso, logo existo* — eles o transformaram no absudo: *Penso, logo NÃO existo*.

*
* *

Depois das palavras com que o espírito de Emmanuel consagrou o trabalho do confrade Wenefledo de Toledo, louvável tentativa para instruir os seus colegas da mediunidade, era perfeitamente excusada a nossa intromissão no assunto. O autor insistiu: *a culpa* não é nossa...

UMA EXPLICAÇÃO

Não era nosso intuito publicar um livro.

O nosso objetivo visava apenas ministrar algumas lições que esclarecessem os médiuns passistas, sobre a importância dos passes, quando aplicados com os conhecimentos da doutrina e da mediunidade curadora.

Mas, instados pelos nossos confrades e médiuns que se interessavam pelo assunto nos dispusemos à sua publicação. Dizer das dificuldades que encontramos, dos adversários implacáveis que se puseram no nosso caminho desde o início da idéia, não é ação condizente de espírita, nem compatível com o nosso ideal doutrinário. Entretanto, para quem está com Deus, quem é contra ele? Não obstante as pedras de tropeço que se nos antolhavam irremovíveis, fomos vencendo com paciência e amor, e aqui estamos, meus estimados irmãos em nosso Senhor Jesus Cristo, trazendo este trabalho, cheio de suor e lágrimas nossas e de todos os nossos companheiros intimoratos, que lutaram denodadamente para que este livro fôsse publicado. Não é uma obra para o público. Ela é destinada tão-somente aos amigos e médiuns curadores que desejarem aperfeiçoar-se na transmissão do passe.

Não visamos lucros de qualquer espécie com a sua tiragem, a qual foi patrocinada pelos confrades amigos, cujos nomes vão adiante enumerados. Os direitos autorais e demais proventos, foram doados a uma instituição espírita desta Capital, que deixamos de mencionar nominalmente, pela sua própria vontade.

Não é, por certo, um tratado perfeito.

Porém, rogamos nos relevem as faltas notadas. Aqui está toda a nossa boa vontade de sermos úteis aos nossos irmãos da doutrina espírita, todo o nosso esforço e sacrifício ingentes, para servirmos e não sermos servidos. Deus guarde a nossa sincera boa intenção, perdoe aos nossos inimigos e abençoe a todos que nos lerem.

NOMES DOS COLABORADORES

Humberto Ciasca, Jaime Rosenfeld, Clarisse Ribeiro, Rosália Mendes Dias, Josefina P. Gorga, I. Carvalho, Ari Carvalho, Régio Pacca, Juraci Teixeira de Lima, Miguel Forti Melo, Walter de Luca, Teresa Storero, Iraci A. Carrijo, Natale Moreto, Leopoldo Dômo, Íris Sinigalia Tavares, Martiniano Tavares, José Pereira Carvalho, Alberto Rauci, Maria V. Matos, Antônio Teixeira dos Santos, Maria Rita Chaves, Lourdes Neusa dos Santos Pereira, Centro "João Evangelista" de Jacarezinho — Paraná, Hebe Cafali, José de Paulo Carvalho, João C. Rossi, Maria Aparecida Galbarti, Ema Monaso da Silva, Henriqueta Moreira, Clotilde Weingril, Francisco P. da Silva, Sebastião C. Brito, Paulo Eugênio Reis, Olga Sinigalia, França Opeca Machado, Orlando Amatulo, Waldir de Oliveira, Antônio Xisto Braga, Vitor Ciasca, Inácio Dal'Olio, Antônio Sabino, Oscar Camacho, Plínio Guirello, Humberto Pace, Antônio Aguiar, Idalina Martins Costa, Onofre Vieira, Carlos Poledena, Agenor Basílio, Nelson Lobo de Barros, Agostinho Alberico, Francisco P. Andrade, Lídia Pastore, Luís Chiavelatti, João Nelson Fenech, Alcides B. Amorim, Benedita F. Ribeiro, Andréa F. Fonseca, Lúcio de Melo Júnior, Luíza Aquino de Toledo, Antônio Moura, Augusta Silvano Pinto, Nair Cabral, João Bovino, Roque Ferrara, Aldo Luís Gasparelo, Bruno Guirello, Fortunato Ré, Walter Pereira, Anísio L. Viana, Carmo Giovanetti, Orlando Liberatori, Luís Gonzaga Bistulfi, Ângelo Cintra, Celso Bonfiglioli, Helena Borragina, Vicente Pereja, Emílio Noronha da Silva, Odete Guilarde, Francisco Gonçalves Pereira, Julieta Conceição Nogueira, Eduardo Mandarino, Roberto Rodrigues, Genésio P. do Vale, Luiza Penteado Dutra, Joaquim Alves e Maria Auristela Pacca.

GRATIDÃO

Aos Espíritos Mentores e Guias Espirituais que me assistiram para que esta obra fosse escrita e publicada, a minha eterna gratidão em Nosso Senhor Jesus Cristo.

DE GRAÇA RECEBESTES, DE GRAÇA DAI

"... e porão as mãos sôbre os enfermos e os curarão — Marcos, 16:18. Curai os enfermos, limpai os leprosos, ressuscitai os mortos, expulsai os demônios... Mateus, 10:8. E curai os enfermos que nela houver e dizei--lhes: É chegado a vós o reino de Deus. Lucas, 10:9. ...pois, digno é o obreiro do seu salário — Lucas, 10:7."

Margeando o grande círculo de dores, de angústias e de aflições que purificam a humanidade, encontramos, quase sempre, onde já está vicejando a seara do Divino Mestre, os anônimos e abnegados obreiros passistas, na faina ingente para socorrer os irmãos necessitados. Servos humildes do Senhor, praticando o bem pela caridade aos semelhantes, não cogitam das condições atmosféricas, não medem sacrifícios e dão muitas vezes, aquilo que mais falta lhes faz na presente experiência terrena — a saúde. Dão tudo sem nada pedirem. São os verdadeiros discípulos de Jesus Cristo "que porão as mãos sobre os enfermos e os curarão", como cita o evangelista Marcos.

O médium curador o é também doutrinador, como se deduz do versículo de Lucas 10:9, onde o Mestre recomendava pregar, e, depois de ter curado os doentes que na casa houvessse, dissese-lhes: "É chegado a vós o reino de Deus". Pois, sem esta doutrinação, a cura seria momentânea, de efeito efêmero.

O doente curado e não doutrinado, tão logo sinta-se restabelecido, esquece o sofrimento por que passou, retorna aos erros anteriores e atrai novamente a mesma infermidade e, às vezes ainda, mais agravada. O doente não doutrinado nos ensinos de nosso Senhor Jesus Cristo, recebe a cura como se ela viesse puramente das mãos de um médico qualquer que, tendo-lhe pago o trabalho, nenhuma obrigação mais lhe resta. O salário que Jesus cobra está no pagamento das nossas dívidas morais, na reconquista do nosso próprio espírito faltoso perante Deus, nosso Pai Celestial, onde provém a nossa elevação para os planos divinos.

Eis porque o médium curador está na obrigação de não cingir-se apenas a dar os seus bons fluidos, mas também doutrinar a si mesmo, pelo estudo, meditação e na prática da caridade, com a fé em Deus.

Havendo sempre o joio no meio do trigo, vamos encontrá-lo proliferando nefastamente na alma das aves de rapina, mercenários sem escrúpulos, que, mais são abutres impiedosos, devorando as migalhas santificantes, do que se fazer de bom samaritano, do Evangelho. Jesus Cristo, em diversas passagens do Evangelho, nos adverte contra eles: "Casas caiadas de branco," "lobo com peles de ovelhas", "ladrão e salteadores que entram pela janela", explorando a simplicidade dos humildes necessitados.

Exploradores em benefício próprio, da boa fé alheia, os há em toda parte, sempre em nome de nosso Senhor Jesus Cristo! Usufruindo de um dom que lhes veio de graça! Pobres amigos, grandes penas os esperam.

Todo médium que emprega a sua mediunidade, seja ela qual for, na prática remunerada, que não seja unicamente pelo desejo de servir sem esperar recompensa de qualquer espécie, seja dos homens ou de Deus, está incurso nos Evangelhos: "Quem semeia, somos nós, mas quem colhe é Deus Pai, Todo-poderoso". Entretanto, digno é o obreiro do seu salário. E todos receberão o seu galardão de acordo com as suas obras.

Porém, o Maligno não dorme e onde estiverem semeando trigo, esperem a visita dos inimigos do Bem, "Orai e vigiai, para não cairdes em tentação." Ele vai sutilmente se infiltrando, procurando sorrateiramente os pontos mais vulneráveis do médium, a premência da sua necessidade material, o elogio da grande qualidade mediúnica espicaçando a vaidade, a fingida obsequiosidade muito agradecida de um presentinho modesto, amanhã um punhado de cruzeiros para recompensar o transporte e, tantas vão e vêm que, quando o imprevidente médium se aperceber do erro, já está irremediavelmente enredado nas malhas dos maus espíritos. Desceu muito na profundidade do abismo e agora se acha nas escarpadas infernais; olha para cima arrependido, na esperança de poder regressar às culminâncias de onde veio, e a tristeza angustiosa o invade, porque, a descida foi quase imperceptível, mas, a subida... Como poderia vencer as grotas ínvias e os rochedos traiçoeiros? E a risada rouquenha do Maligno vitorioso, ecoa pelos rincões escuros, como resposta ao infeliz médium torturado, que se debate na solidão das florestas, sem um amigo, sem um socorro, porque não os conquistou na terra.

Mas, ninguém fica órfão; temos um Pai Amigo, e para irdes a Ele, procurai Aquele que diz: Eu sou o Caminho, a Verdade, a Vida.

Médiuns curadores! Lembrai-vos de Judas Iscariótes quando lhe foi dito: *"que não te seja pesada a tua bolsa"*...

WENEFLEDO DE TOLEDO

MÉDIUNS PASSISTAS

(Calcado sobre o livro "Missionários da Luz", de André Luis, página 320, psicografado por Francisco Cândido Xavier.)

Sendo o nosso trabalho sobre PASSES, e todo ele baseado nos ensinos espíritas, não podíamos deixar de trazer para os nossos amigos esta página do livro "Missionários da Luz", onde encontramos com absoluta clareza e precisão uma orientação sumamente esclarecedora. Atentemos para esta advertência:

"Para ser médium passista, exige-se muito critério e responsabilidade." Isto dito pelo Espírito de André Luiz deveria calar fundo no íntimo de todos os médiuns que se aventuram a transmitir passes, sejam ou não espíritas.

CONDIÇÕES BÁSICAS

O médium passista para que seja de fato um "médium passista", precisa estar integrado nos seis itens que enumeramos dos ensinos de André Luiz, como segue:

"...na execução da tarefa que lhe está subordinada, não basta a boa vontade, como acontece em outros setores de nossa atuação. Precisa revelar determinadas qualidades de ordem superior e certos conhecimentos especializados. O

N. — O grifo é nosso.

servidor do bem, mesmo desencarnado, não pode satisfazer em semelhante serviço, se ainda não conseguiu se manter em *padrão superior de elevação mental* contínua, condição indispensável à exteriorização das faculdades radiantes. O missionário do auxílio magnético na Crosta ou aqui em nossa esfera, necessita:

1.º — ter grande domínio sobre si mesmo,
2.º — espontâneo equilíbrio de sentimentos,
3.º — acentuado amor aos semelhantes,
4.º — alta compreensão da vida,
5.º — fé vigorosa,
6.º — profunda confiança no Poder Divino".

(Fizemos esta divisão em seis partes, para torná-la mais apreensível pela nossa capacidade de assimilação.)

"Cumpre-nos acentuar, todavia, que semelhantes requisitos, em nosso plano, constituem exigências a que não se pode fugir, quando na esfera carnal a boa vontade sincera, em muitos casos, pode suprir essa ou aquela deficiência, o que se justifica, em virtude da assistência prestada pelos benfeitores de nossos círculos de ação ao servidor humano, ainda incompleto no terreno das qualidades desejáveis.

Ouvindo as considerações do orientador, lembrei-me que, de fato, vez por outra, viam-se nas reuniões costumeiras do grupo os médiuns passistas, em serviço, *acompanhados de perto pelas entidades referidas*.

Os encarnados, de modo geral, poderiam colaborar em semelhantes atividades de auxílio magnético?

(Esta pergunta é a que todos nós faríamos e a resposta não poderia ser mais elucidativa, senão, vejamos):

"Todos, com maior ou menor intensidade, poderão prestar concurso fraterno, nesse sentido, porquanto revela a disposição fiel de cooperar a serviço do próximo, por esse ou

---

N. — O grifo é nosso.

aquele trabalhador, *e as autoridades de nosso meio designam entidades sábias e benevolentes que orientam, indiretamente, o neófito,* utilizando-lhe a boa vontade e enriquecendo-lhe o próprio valor. São muito raros, porém, os companheiros que demonstram a vocação de servir espontaneamente. Muitos, não obstante bondosos e sinceros nas suas convicções, aguardam a mediunidade curadora, como se ela fosse um acontecimento miraculoso em suas vidas e não um serviço do bem, que pede do candidato o esforço laborioso do começo. Claro que, referindo-nos aos irmãos encarnados, *não podemos exigir a cooperação* de ninguém no setor de nossos trabalhos usuais; entretanto, se *alguns deles vêm ao nosso encontro,* solicitando admissão às tarefas de auxílio, logicamente receberá nossa melhor orientação, no campo da espiritualidade."

(Observemos mais esta pergunta, que muitas dúvidas pode tirar):

"Ainda que o o operário humano revele valores muito reduzidos, pode ser mobilizado?"

— Perfeitamente. Desde que o interesse dele nas aquisições sagradas do bem seja mantido acima de qualquer preocupação transitória, deve esperar incessante progresso das faculdades radiantes, não só pelo próprio esforço, senão também pelo concurso do Mais Alto, de que se faz merecedor."

(Outra pergunta que faz boa orientação.)

"Quando encarnados, como poderemos desenvolver a capacidade radiante, depois da edificação de nossa boa vontade real, a serviço do próximo?

— Conseguida a qualidade básica (que enumeramos em seis itens acima), o candidato ao serviço precisa considerar a necessidade de sua elevação urgente para que as suas obras se elevem no mesmo ritmo. Falaremos tão-só das conquistas mais simples e imediatas que deve fazer, dentro de si mesmo.

N. — O grifo é nosso.

Antes de tudo, é necessário equilibrar o campo das emoções.

Não é possível fornecer forças construtivas a alguém, ainda na condição de instrumento útil, se fazemos sistemático desperdício das irradiações vitais. Um sistema nervoso esgotado, oprimido, é um canal que não responde pelas interrupções havidas.

Aqui, também, enumeramos as três causas (para que fiquem bem gravadas) seguintes:

1.º — a mágoa excessiva,
2.º — a paixão desvairada,
3.º — a inquietação obsidente,

que constituem barreiras que impedem a passagem das energias auxiliadoras. Por outro lado, é preciso examinar as necessidades fisiológicas, a par dos requisitos de ordem psíquica. A fiscalização dos elementos destinados aos armazéns celulares é indispensável, por parte do próprio interessado em atender às tarefas do bem. O excesso de alimentação produz odores fétidos, através dos poros, bem como das saídas dos pulmões e do estômago, prejudicando as faculdades radiantes, porquanto provocam dejecções anormais e desarmonias de vulto no aparelho gastro-intestinal, interessando a intimidade das células. *O álcool, o fumo e outras substâncias tóxicas operam distúrbios nos centros nervosos, modificando certas funções psíquicas e anulando os melhores esforços na transmissão de elementos regeneradores e salutares.*

Levada a efeito a construção da boa vontade sincera, o trabalhador leal compreende a necessidade do desenvolvimento das qualidades a que nos referimos, porquanto, em contato incessante com os benfeitores desencarnados, que se valem dele na missão de amparo aos semelhantes, recebe indiretas sugestões de aperfeiçoamento que o erguem a posições mais elevadas."

N. — O grifo é nosso.

Qualquer médium ainda que de mediana cultura poderá compreender o que disse André Luiz e, guiado pelas suas instruções, encetar a sua própria reforma, para transformar-se num verdadeiro trabalhador de Jesus Cristo. Não se encontra roteiro mais seguro para quem deseja evoluir na mediunidade curadora. São explicações que se encontram no capítulo "Passes" do livro citado, edição da Federação Espírita Brasileira.

OPINIÃO AUTORIZADA SOBRE O PASSE

Não obstante certas opiniões de autoridades espíritas que divergem sobre a eficiência terapêutica do passe, nós somos seus apologistas, em virtude dos grandes benefícios, que dele usufrui a humanidade. Temos constatado tais efeitos na prática diária da nossa missão de socorrer os enfermos.

Quando não queiramos ouvir os nossos irmãos contemporâneos de Mesmer, nem os espíritos que distribuem a caridade pelo passe, tanto manual como espiritual, ouçamos, pelo menos, os nossos amigos de círculos mais altos, cujas luzes muito têm iluminado o nosso coração e o nosso espírito, sempre necessitados. Recorramos ao querido irmão EMMANUEL, para nossa comprovação, na mensagem recebida pelo médium Francisco Cândido Xavier em Pedro Leopoldo e que tomamos a liberdade de transcrever na íntegra:

O PASSE

"Ele tomou sobre si as nossas enfermidades e levou as nossas doenças."

Mateus: 8:17

"Meu amigo, o passe é transfusão de energias fisiopsíquicas, operação de boa vontade, dentro da qual o companheiro do bem cede de si mesmo em teu benefício.

Se a moléstia, a tristeza e a amargura são remanescentes de nossas imperfeições, enganos e excessos, importa considerar que, no serviço do passe, as tuas melhoras resultam da troca de elementos vivos e atuantes.

Trazes detritos e aflições e alguém te confere recursos novos e bálsamos reconfortantes.

No clima da prova e da angústia, és portador da necessidade e do sofrimento.

Na esfera da préce e do amor, um amigo se converte no instrumento da Infinita Bondade, para que recebas remédio e assistência.

Esquece os males que te apoquentam, desculpa as ofensas de criaturas que te não compreendem, foge ao desânimo destrutivo e enche-te de simpatia e entendimento para com todos os que te cercam.

O mal é sempre a ignorância e a ignorância reclama perdão e auxílio para que se desfaça, em favor da nossa própria tranqüilidade.

Se pretendes, pois, guardar as vantagens do passe que, em substância, é ato sublime de fraternidade cristã, purifica o sentimento e o raciocínio, o coração e o cérebro.

Ninguém deita alimento indispensável em vaso impuro.

Não abuses, sobretudo, daqueles que te auxiliam. Não tomes o lugar do verdadeiro necessitado, tão-só porque os teus caprichos e melindres pessoais estejam feridos.

O passe exprime também gasto de forças e não deves provocar o dispêndio de energias do Alto, com infantilidades e ninharias.

Se necessitas de semelhante intervenção, recolhe-te à boa vontade, centraliza a sua expectativa nas fontes do suprimento divino, humilha-te conservando a receptividade edificante, inflama o teu coração na confiança positiva e, recordando que alguém vai arcar com o peso de tuas aflições, retifica o teu caminho, considerando igualmente o sacrifício incessante de Jesus por nós todos, porque, de conformidade com as letras sagradas, "ele tomou sobre si as nossas enfermidades e levou as nossas doenças".

INTRODUÇÃO

A mediunidade curadora é uma faculdade conquistada pelo Espírito e concedida por Deus aos homens, de onde se infere que ela nasce, não se faz.

É conhecida através de todos os tempos, desde a antiguidade até os tempos atuais, tendo se firmado no conceito dos povos com a passagem do Cristo pela Terra. Entretanto, em virtude do avanço da arte de curar, no terreno científico, os médiuns curadores foram se apagando aos poucos, permanecendo, contudo, a boa vontade no espírito caritativo das criaturas bem intencionadas. Não obstante, sempre se fez sentir a ação nefasta da infiltração de espíritos pouco esclarecidos. Graças, porém, ao surto espírita que em ondas benfazejas cobre o mundo presente, os médiuns curadores têm se mostrado com mais freqüência, sendo assinalados em quase todas as casas espíritas e grupos particulares.

Ao traçarmos este roteiro para os médiuns passistas que estão integrados na prática de fazer o bem aos semelhantes, não nos move outro intuito senão o de servir aos nossos irmãos possuidores daquela sublime faculdade, que é a de curar os enfermos e consolar os aflitos nas suas angústias. Pois, é entristecedor depararmos com médiuns dedicados na transmissão de fluidos curadores e no entanto, obtendo o mínimo de benefício ao seu assistido, quando poderia, com o imprescindível preparo do seu desenvolvimento mediúnico, produzir curas maravilhosas, atuando isoladamente ou no conjunto das sessões espíritas.

A coluna mestra de amparo ao médium precisa apoiar-se na insofismável confiança em Deus. Um médium apático, que tem a mente conturbada pela desarmonia psíquica, cujos pensamentos não podem manter firmeza absoluta na concentração com os Poderes do Altíssimo, nada tem e nada poderá receber. E que bem poderá dar ao sofredor, se nada possui e nada recebeu? Ainda que a sua vontade tenha a força dos grandes Espíritos, mas se êle se emaranha no cipoal das dúvidas, permitindo que forças inferiores se canalizem nas suas vibrações, é um instrumento fracassado, ainda que seja momentâneamente. Ora, se o trabalho fôsse desenvolvido sob a Inspiração Divina e seguisse os fios magnéticos que estabelecem a ligação com o Senhor e Mestre Jesus, receberia em retôrno, como uma cascata de luz, as graças do Eterno Doador de Bênçãos. Não recomenda o Mestre: "Pedi e obtereis?" — Portanto, não vacile, peça, confie sempre e espere, que receberá.

O médium curador, que não tem confiança na sua faculdade de curar, imerso em vontade duvidosa, fica impossibilitado de obter qualquer efeito curativo ou mesmo o mais insignificante alívio ao seu pobre paciente. Mas esta situação não perdurará muito se o médium estiver sob a proteção de algum Centro, Grupo ou Núcleo espírita bem orientado. Os Mentores Espirituais dessas oficinas do Mestre Amado, não deixam órfãos os filhos de Deus e buscam recursos os mais diversos para atenderem aos seus irmãos necessitados. Ainda mesmo que todos os recursos falhem pela dureza do médium, não podendo fazer-se sentir pelos seus pensamentos, os Guias usarão outros instrumentos como intermediários diretos e farão chegar à sua mente os conselhos necessários à recondução da harmonia vibratória. Desta forma, retorna êle à confiança em Deus, uma vez que o médium não se entregue às forças inferiores por vontade própria, encontrando satisfação nas suas torpezas.

Da força de vontade gera a reação. Reagindo, o médium começa imediatamente a perceber que está sendo atendido através de fluidos emanados pelos bons Espíritos assistentes daquela casa de caridade, que, embora quase imperceptíveis aos sentidos materiais os auxílios prestados, êle vai readquirindo, assim, a capacidade de emitir também os fluidos finos curadores. A Misericórdia Divina é pródiga e não falha nunca aos servidores do bem. Dá muito para salvar um pecador das garras dos inimigos da luz. E não conhecemos nós pelos ensinos de Jesus Cristo que há mais festa no céu pela chegada de um pecador do que por 99 justos? — É bastante o médium adquirir a confiança perfeita de que está sob a proteção do Senhor e Mestre e trabalhar confiantemente. Se nada ou pouco produzir, a culpa não lhe cabe; a sua tarefa foi bem cumprida com amor e dedicação. A falta, se houve, fica por conta de outro devedor, mas não o médium. "A semeadura é nossa, mas, a colheita, pertence ao nosso Pai que está nos céus."

REFORMA MORAL

As Condições Básicas para a evolução espiritual, e, muito especialmente, para os médiuns curadores, como já estabeleceu André Luiz em ponto anterior, residem na reforma moral, insofismavelmente, seguida pelos esclarecimentos intelectuais.

EQUILÍBRIO ESPIRITUAL

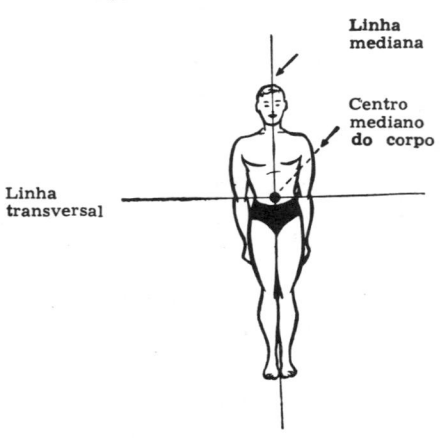

FIG. 1 — *Equilíbrio perfeito, pelas linhas Vertical, Horizontal e Centro Mediano*

E como encetar a caminhada? Por onde começar a subir o primeiro degrau da escada evolutiva? "Não se perturbe o vosso coração", dizia o Messias de Deus aos seus apóstolos. Procura a Luz do mundo, que é o Mestre, como ensinava João Batista, e traze-A para dentro do teu coração e segue com Ele o roteiro evangélico em direção às esferas sublimadas. Pela estrada, vá despindo o "homem velho" e vestindo o "homem novo", como ensinava Paulo de Tarso, para depois, se integrar na fé e nas obras enaltecedoras dos espíritos elevados.

O primeiro passo para a reforma moral está no bom combate, segundo ainda o apóstolo dos gentios, aos seus próprios vícios e defeitos, vencendo-os com persistência e tenacidade, intransigentemente consigo mesmo. Antes, vença os vícios da carne, esses desejos muitas vêzes incontidos; depois, as imperfeições morais que desequilibram o espírito, até chegar à limpeza completa afastando os inimigos, ainda mesmo que seja em vidas sucessivas.

Os espíritos destes tempos são os seguidores cristãos dos templos do Caminho, como eram chamados os discípulos de Jesus Cristo na primeira era cristã, vindos à terra com a missão de recristianizar a humanidade, disseminando a Terceira Revelação. Urge se compreenda que, sem a iniciação convicta nos Evangelhos do Mestre, exemplificada em obras, jamais se constará a evolução espiritual.

Entretanto, para exemplo nosso, há pessoas incultas, sem preparo intelectual nem religião, que praticam o Evangelho intuitivamente, por palavras e obras com tão acentuada caridade e amor, que chegam a confundir os mais eminentes cientistas, teólogos e santos servidores do bem. São verdadeiros analfabetos no plano terreno porém sábios nas esferas superiores, que assimilam os ensinos do Mestre pela compreensão da necessidade do próximo. E praticam a caridade apenas pelo instinto de fazer o bem. Deduz-se, assim, que a elevação espiritual não está na cultura intelectual, nem na evangélica, mas nos valores do coração, conquistados nesta ou em outras vidas pretéritas, no campo de serviços prestados aos semelhantes.

O médium curador para melhor poder servir ao enfermo, não deve desconhecer que antes de doutrinar seu irmão para a reforma moral, necessário se torna que, primeiro, doutrine a si mesmo. Os muitos insucessos e mesmo fracassos, devem os médiuns à sua própria imprevidência no terreno moral. Colocar pesados fardos nos ombros alheios, quando no nosso não suportamos nem uma grama, como adverte o Mestre, não é ação de um bom médium. Ademais, que moral pode pregar quem não a tem? A palavra que sai da boca de quem não tem moral, é como a comida fraca que não alimenta, por muito que se coma. A multidão continuará mais faminta ainda. A palavra que não sai da boca impregnada de moral sã, não possui o sal da terra, que é o magnetismo pelo ensino contagioso, capaz de envolver todos os ouvintes nas ondas vibratórias dos bons sentimentos. Quem ouve a palavra que prende e eleva sem magnetismo são, ouve-a na hora somente para logo depois esquecê-la. Não alimenta nem mata a sede do espírito. "Cura-te primeiro para depois curares os teus."

"Deixai freqüentemente (ensina Leroy Berrier, em suas lições sobre magnetismo), que se manifeste o amor e a bondade em vossos pensamentos, palavras e atos e, vossas capacidades aumentarão. Fazei intervir vossa vontade e aplicai-vos a amar tudo o que vos cerca. Quando apertardes a mão de uma pessoa tende o sentimento de que o amor e a bondade afluem para este ato, emanando de vosso ser. Perseverai e o vosso poder de amar crescerá. Procurai encontrar tudo o que é bom e amável naquele com quem tratais e vosso amor se desenvolverá. Se desejais atrair coisas inanimadas, amai-as tão ardentemente que vosso amor reaja sobre vós mesmo.

AURA HUMANA

O homem é constituído por três elementos: Espírito, Perispírito e Corpo, os quais atuam inseparavelmente na harmonia do conjunto entre si.

O Espírito é a centelha divina que atua no corpo através do perispírito como a eletricidade atua na lâmpada através do fio condutor.

O perispírito é o duplo fluídico formado de energia semicondensada do corpo humano que age como intermediário entre o Espírito e o corpo.

O Corpo carnal é a matéria condensada que serve de ambiente vital para o Espírito, que é o dono da casa com poderes intransferíveis de propriedade, sofrendo apenas as influenciações exteriores.

Este corpo que é mantido em equilíbrio pela atuação das forças centrífugas e centrípetas (vide figs. 2 e 31) gera em torno de si uma luz esbranquiçada que é o resultado da energia em movimentação, formando a aura material do corpo (fig. 78).

Esta aura acrescida das vibrações dos pensamentos humanos forma a chamada aura espiritual do homem (fig. 2).

AURA HUMANA
REFLEXIVA DOS PENSAMENTOS

ATMOSFERA FLUÍDICA
em que vive o homem

Discriminação da gravura

A-B — Linha vertical, mediana do equilíbrio
C-D — Linha horizontal, mediana do homem
E   — Centro mediano, ponto de equilíbrio da horizontal
F   — Raios de força — paralelas verticais
H-I — Raios de força — paralelas horizontais
J-K — Corrente centrípeta — corre por fora
L-M — Corrente centrífuga — corre por dentro
N-O — Nuance interespacial das duas correntes
P-Q — Reflexos das vibrações do Espírito
R-S — Perispírito, ou duplo do homem
T-U — Aura material (fluido branco azulado)
V-X — Aura intelectual ou de amor (azul claro)
1   — Aura espiritual (toma a cor dos pensamentos)
2   — Atmosfera fluídica do homem
3   — Luz amarela-alaranjada do espírito quando em vibrações provindas de altas esferas espirituais

RAIOS DE INFLUENCIAÇÕES

"Descem sobre a fronte humana, em cada minuto, bilhões de raios cósmicos, oriundos de estrelas e planetas amplamente distanciados da Terra, sem nos referirmos aos raios solares, caloríficos e luminosos, que a ciência terrestre mal começa a conhecer. Os raios gama, provenientes do radium que se desintegra incessantemente no solo e os de várias expressões emitidas pela água e pelos metais, alcançam os habitantes da Terra pelos pés, determinando consideráveis influenciações. E em sentido horizontal, experimenta o homem a atuação dos raios magnéti-

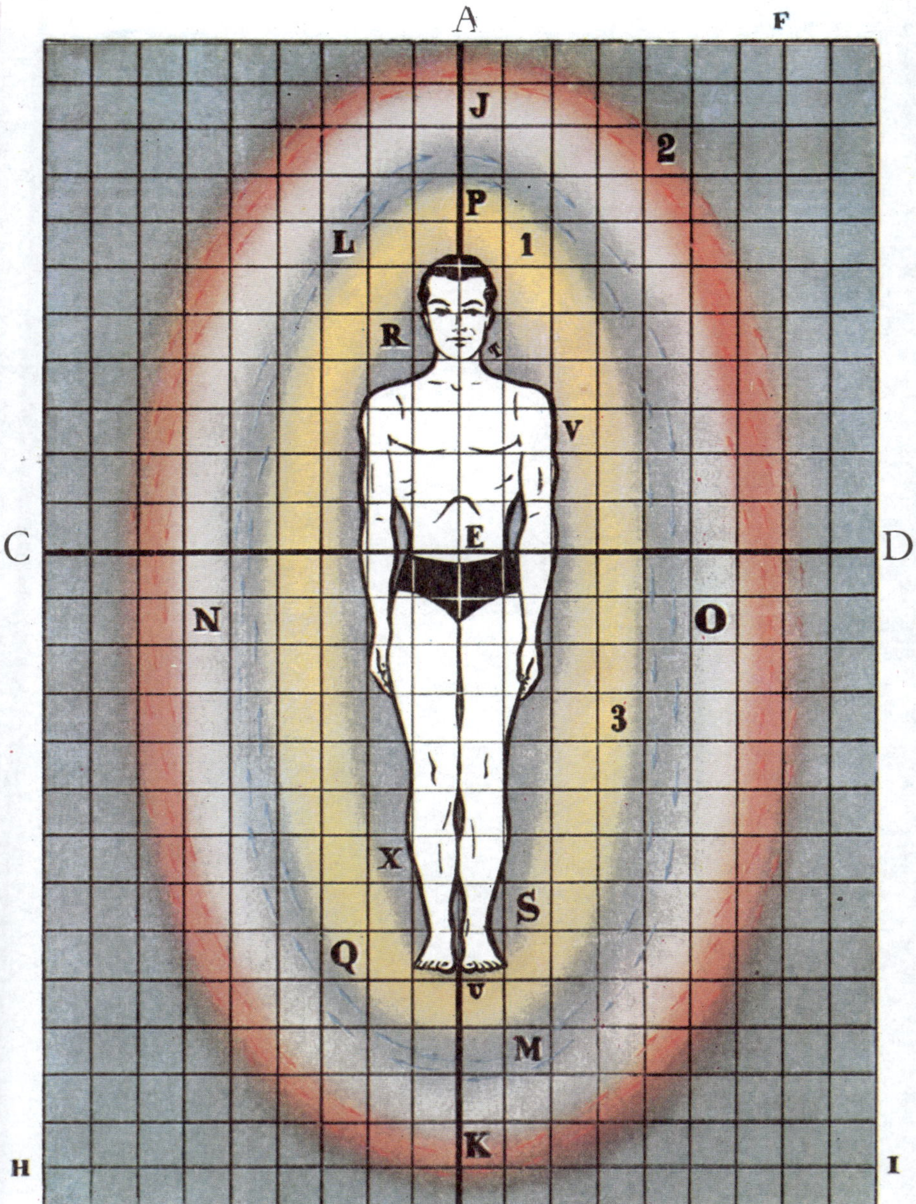
A
F
J
2
P
L
1
R
V
E
C
D
N
O
3
X
S
Q
U
M
K
H
I
B

cos exteriorizados pelos vegetais, pelos irracionais e pelos próprios semelhantes." (Extraído de "Missionários da Luz" pelo Espírito de André Luís, por Francisco Cândido Xavier.)

COLORAÇÕES DA AURA (fig. 2)

A aura humana é modificada instantaneamente pelas qualidades dos pensamentos emitidos numa alternativa de relâmpagos sucessivos, embora algumas possam fazer pausas mais prolongadas.

A fim de conhecermos mais ou menos as nuanças que as auras apresentam nas suas cores cambiantes, vamos dar um quadro demonstrativo, mais com o objetivo de orientar do que de afirmar, não indo nisto nenhuma presunção da verdade, mas, para servir aos que tenham a mediunidade de vidência e queiram aprofundar-se no estudo.

AZUL — indica sublimação de Espírito.

ALARANJADO — indica ambição e orgulho.

VERMELHO — indica paixões violentas, raiva, sensualidade.

CARMIM — indica afeição, amor. A rósea é a mais bela.

VERDE — indica engano, artifício e aspereza.

VERDE-ESCURO — inveja, ciúme, doença física.

VERDE-CLARO — indica polidez, calma e brandura.

CINZENTO — indica depressão, tristeza e egoísmo.

CINZENTO-ESCURO — indica hipocrisia, mentira.

CINZENTO-CLARO — medo, dúvida e vacilação.

PRETO — ódio, vingança e ação maléfica.

BRANCO-AZULADO — indica pureza, amor e caridade.

Estas vibrações de cores que são os produtos das vibrações do homem, são a sua ficha de identificação perante os Mentores Espirituais. Embora tenhamos dado uma pálida idéia sobre a coloração das auras, temos a certeza de que não nos distanciamos muito da realidade. Uma coisa podemos afirmar com segurança e experiência própria: elas existem, atestando a posição evolutiva de cada um. (Veja-se fig. 2.)

LEI DO EQUILÍBRIO

O equilíbrio do corpo (fig. 1) está em relação direta com a harmonia do espírito. Sem uma coisa não existe a outra.

O nosso globo terrestre vive em harmonia com os outros astros, em cuja vida está entrelaçado. Se porventura ou pelo desígnio de Deus, cessassem os movimentos do globo, a terra seria imediatamente desintegrada, uma vez que as correntes de energia que o sustêm ficariam paralisadas. O mesmo sucederá ao corpo do homem encarnado quando na terra.

Desintegra-se para voltar à energia cósmica. Tudo é mantido pela lei do equilíbrio através da energia fluídica, desde o Planeta até os menores corpos atômicos. Corpos inertes não existem, pois são mantidos pela energia vibratória de suas moléculas. Tudo é energia fluídica (fig. 1).

Na lei dos contrários encontramos perfeita exemplificação que nos elucida claramente. Qual o resultado dos contrários positivo e negativo aplicados em eletricidade? — a luz. Qual o resultado da aproximação do bem sobre o mal? — a perfeição. Onde não há equilíbrio não pode haver harmonia. E esse equilíbrio é mantido pela movimentação das correntes centrífugas (fig. 2 — letras L-M) (de dentro para fora) e centrípetas (fig. I letras J-K) (de fora para dentro), através das linhas de forças vitais (fig. 2 — letras F e J) alimentadas pelo magnetismo positivo e negativo, isto é, forças provindas do Céu e da Terra.

No espaço onde se mantém a atmosfera fluídica em que vive o homem, as linhas de forças paralelas e horizontais se cruzam com as linhas de forças paralelas e verticais, demarcadas pela linha mediana vertical que divide o homem em duas metades exatas como também pela linha mediana transversal, em cujo meio repousa o centro mediano do corpo (fig. 1), que fica na região umbilical.

O homem é mistura do globo terrestre, com os seus eixos polares, na linha mediana, o equador na linha horizontal, com as correntes centrífugas e centrípetas em movimento contínuo, incessante, no equilíbrio universal (fig. 2).

A harmonia dessas correntes electromagnéticas é que mantém o equilíbrio dos corpos físico e espiritual, ou corpo perispiritual (fig. 2). Do corpo físico emana uma luz clara, diáfana, levemente brilhante em ondas vibratórias, que é a irradiação magnética da matéria, peculiar a todos os corpos (fig. 75). Já no homem, além dessa irradiação fluídica, juntam-se outras. Do perispirito, por exemplo, saem vibrações coloridas em variados matizes, devidas à ação reflexa dos sentimentos manifestados, formando uma zona ovalada, luminosa, em tôrno do corpo físico, limitando assim a atmosfera em que vive o homem, sem prejuízo, todavia da sua expansão, quando purificado em elevação divina (fig. 2).

FÔRÇA MAGNÉTICA

O homem vive através de três forças conjugadas, que são: VONTADE — PENSAMENTO — AÇÃO.

A vontade é a energia que comanda a trajetória do desejo.

O pensamento é força viva que manipula a forma pelas idéias.

A ação é o impulso dado para a direção que o pensamento marcou.

A força magnética é inata no homem. Todos os corpos a possuem, em maior ou menor escala, porém o seu desenvolvimento ou seja o seu desdobramento em potência, só se obtém mediante exercícios consecutivos na meditação e grande força de vontade empregada na reforma moral. Não obstante, há homens despidos de qualquer evolução superior e que são dotados de imensa força magnética. Essa congenitura pertence à Suprema Sabedoria, na razão dos círculos das aquisições.

A força magnética tem duas funções: atração e repulsão. Ela se distingue pela qualidade boa ou má que emite nas diferentes influenciações que exerce sobre o homem, em virtude das variadas preferências da humanidade. O fato é que todos a têm (força magnética) e está ela sendo empregada em algum sentido, para proveito próprio ou de outrem.

Em seu livro "Magnetismo Pessoal", diz Heitor Durville: "Os nossos pensamentos mais simples, em aparência, influem sobre nós e sobre os que nos rodeiam, contribuindo, assim, em uma certa medida, para a nossa felicidade ou infelicidade. Os pensamentos que emitimos com persistência, apegam-se-nos atraindo outros da mesma natureza. Assim, se emitimos pensamentos de bondade e benevolência, atraímos de fora pensamentos análogos, e ganhamos ao mesmo tempo, a confiança e simpatia dos que são bons e benevolentes; ao passo que, se não pensamos senão em perseguição, ódio, vingança, ciúme, atraímos, sem dúvida, pensamentos desta natureza, que vêm entreter e mesmo engrossar a nossa aura. Por outra parte, afastando de nós os que nos poderiam ser úteis, atraímos os maníacos, os importunos, os maus e confirmando-se, assim, a máxima de que os semelhantes atraem os semelhantes.' (Vide fig. 31)

Destes ensinos destaca-se que se a lei dos contrários mantém o equilíbrio do corpo físico por forças que se repelem entre si, o equilíbrio do Espírito está condicionado à lei da atração mútua dos semelhantes.

PREPARO DO CORPO FÍSICO

Até aqui seguimos o preparo moral do médium curador. Vamos agora repassar em síntese o estudo sobre o preparo do corpo físico. Ensina-nos o Mestre Jesus Cristo que o corpo é um vaso divino pelo qual somos responsáveis perante Deus, a quem temos que prestar contas do bom ou mau uso que dele tenhamos feito durante a existência terrena, bem como dos cuidados que deixamos de dispensar-lhe para mantê-lo em condição salutar.

Segundo os espíritos doutrinadores de elevada categoria, as tentações penetram no homem mais comumente pelo cérebro, estômago e pelo sexo. São as maiores portas sempre abertas, vulneráveis portanto às más influências. Ora, se sabemos que o mal entra por elas por que mantê-las abertas, num convite ostensivo às forças inferiores? Não é lógico que as mantenhamos fechadas? — e as chaves? — perguntarão alguns imprevidentes. Não é difícil encontrá-las. "Eu sou o Caminho, a Verdade e a Vida", disse o Senhor, completando: "ninguém irá ao Pai se não passar por mim." As chaves estão na consciência dos homens.

Na região do estômago, conhecemos o efeito da fome desde a vida fetal, nos impelindo para a nutrição das células que se vão formando. Mas, se ali impera puramente o instinto da alimentação, aqui se lhe ajuntam outros instintos imperfeitos e a fome vem ficar responsável como principal tentadora de gravíssimos erros, arrastando o homem a cometer os maiores desatinos perante Deus e a sociedade. É pelo estômago que a maioria dos homens se intoxica atraindo enfermidades destruidoras dos órgãos e o que é pior, dando ensejo para que perturbadores fluídicos, provindos de esferas inferiores, se alojem no tubo digestivo e glândulas, desequilibrando, assim, o próprio espírito (fig. 71).

Na esfera sexual encontramos outros fatores que determinam o rebaixamento do homem até à condição de animais irracionais, praticando atos que a estes são desconhecidos, em virtude das más influências obsessórias a que se entregam. Por mais incrível que pareça, o homem abusa do sexo, desprezando as finalidades divinas para que fora criado, praticando atos tão perversos e abomináveis que maculam o espírito para muitas existências porvindouras. Tentações há em toda parte. Basta que o padrão vibratório desça a escala inferior harmonizando-se com os depravados e encontrará por certo o que procura. Porém, lembremos de que ninguém ficará devendo. "Será cobrado ceitil por ceitil." Então, para uns, as lágrimas levarão muito tempo para lavar as impurezas da consciência, até que chegue o arrependimento sincero, enquanto que para outros, inconformados, serão ainda mais chicoteados pelo ódio, revolta da situação angustiosa que eles mesmos criaram para o futuro espiritual.

No cérebro estão os geradores psíquicos que engendram mórbidas manifestações de ódio, ciúmes, vinganças cruéis, impulsionados pelos violentos desejos da carne, posse e ambição desmedidas, trazendo as conseqüências mais desastrosas possíveis. Sobre este assunto, meditemos com o Espírito amigo de André Luiz, psicografado pelo médium Francisco Cândido Xavier:

"Há pequeninos prazeres que à maneira de micróbios violentos e perseverantes que nos desintegram o envoltório físico, nos intoxicam a alma e lhe destroem as mais santas esperanças.

Todos nós somos dínamos, vivendo nos mais remotos ângulos da vida, com o Infinito por clima de progresso e com a eternidade por meta sublime. Geramos raios, emitimo-los e recebemo-los constantemente. Nossas atitudes e deliberações, costumes e emoções criam cargas elétricas de variadas expressões.

O uso do álcool estabelece raios entorpecentes.
O uso do álcool forma elementos intoxicantes.
O uso do fumo arremessa raios venenosos.
A cólera forma nuvens de princípios destruidores.
A maldade projeta dardos de trevas.
O ciúme é uma tempestade interior.
A inveja é atmosfera enregelante.
O egoísmo é o casulo da sombra.
A conversação indigna é pasto de entidades viciosas.
A queixa é tradução de ociosidade.
O abuso é sempre inclinação da alma ou queda do sentimento no precipício.
A obra de Jesus pede amor e colaboração, bondade e devotamento.

Se pudermos trazer ao Apóstolo do Evangelho semelhantes bens, avancemos, confiantes e alegres para o trabalho com Cristo, mas, se nosso coração ainda está paralítico no velho catre da discódia e do personalismo inferior, abstenhamo-nos de perturbar a movimentação dos semeadores do Infinito Bem, a fim de não nos convertermos em pedras de tropeço na jornada de nossos irmãos para Deus."

N. — O grifo é nosso.

Estas regras constituem orientação aconselhável a todos os médiuns curadores bem como a todos os homens de boa vontade, que desejam aperfeiçoar-se na caridade aos sofredores, marchando para a sua evolução divina. Tornam-se eles doadores de bons fluidos, como há os doadores de sangue aos enfermos esgotados. São os que alimentam os necessitados e carentes de ajudas, como as flores que alimentam as vespas famintas de mel. Se nos fosse possível ver com os olhos mortais o enxame de espíritos ávidos sequiosos de alívio para os males que os atormentam, esvoaçando como as abelhas em torno do médium, causaria verdadeira alucinação coletiva. Eles são Espíritos enfraquecidos pela imperfeição e abuso dos sentidos, quando em experiência terrena e que vivem agora no estado errante à procura da misericórdia divina. Possuindo os médiuns curadores os fluidos suaves que amenizam as suas feridas, ocorrem em chusma ansiosos para poderem receber um pouco das suas virtudes. São como as vespas famélicas a procura de alimento.

Entre os espíritos carentes de socorro que procuram o médium curador, infiltram-se os mal intencionados, maldosos e maliciosos, inimigos, invejosos cujo objetivo único por despeito ou maldade, é fazer o mal.

Compete ao médium estar sempre vigilante, cerrando suas portas a eles, quer sejam encarnados ou desencarnados.

Todo médium, em trabalho ativo, tem como auxiliares Espíritos instruídos à Luz Divina, em vários conhecimentos sob a direção de outros Espíritos Guias ainda mais esclarecidos que atendem e sustentam os servidores do bem em todas as situações, quer seja material ou espiritual, protegendo-o contra todos os ataques do mal. Na proporção que o médium avança em iluminação própria, conquistando novos degraus na escala evolutiva, outros mentores espirituais de hierarquia mais superior vêm em seu auxílio, para ministrar instruções mais elevadas. O medianeiro curador é canal especializado no serviço de socorro, devendo estar sempre em boa harmonia vibratória para atender ao trabalho socorrista que se lhe apresente em qualquer parte, lugar e hora.

O Autor

2.ª PARTE

ESTUDOS DAS LIÇÕES

E

TÉCNICAS DOS PASSES

Lição Primeira

LIGEIRAS NOÇÕES DE ANATOMIA

Noções ligeiras sobre anatomia humana. Vantagens desse estudo para esclarecimento dos médiuns curadores. Desenhos ilustrativos. Sua importância para diagnóstico das doenças.

*

* *

Embora pareça supérfluo algum conhecimento sôbre anatomia humana para os médiuns curadores, não o dispensamos, pois é de grande importância para esclarecimento dos diagnósticos. A necessidade do médium passista saber localizar e designar o órgão no corpo humano está justamente na aplicação dos fluidos, onde haja precisão de mais forte atuação magnética, ou onde sejam apenas úteis para a dispersão.

Os médiuns curadores são também, às vezes, videntes, e esta qualidade ajuda muito nos trabalhos, para orientação do tratamento a seguir. E, mesmo quando não o são mas têm boa assistência espiritual, os Guias completarão a deficiência mediúnica até onde lhes seja possível, principalmente na indicação dos órgãos afetados, tais como ossos, músculos.

ESQUELETO HUMANO E SUA NOMENCLATURA

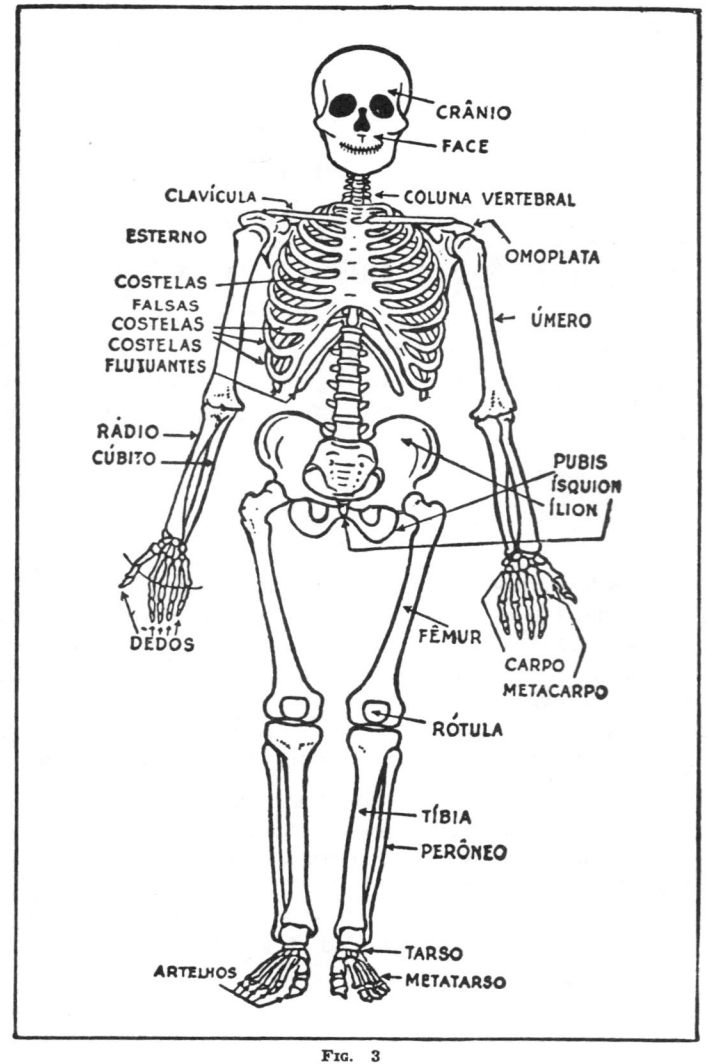

Fig. 3

Esqueleto de frente

nervos, glândulas ou vísceras. Vê-se, portanto, que o estudo, não obstante superficial, sobre anatomia, é um grande auxiliar dos médiuns curadores, pois facilita descrever com segurança não só o órgão doente como também diagnosticar a enfermidade, dando desta forma orientação mais segura para o tratamento.

Seria demasiado exigirmos dos nossos médiuns um curso acurado sobre anatomia. Entretanto, é preciso conhecer todo o esqueleto e os seus ossos de per si, como também sua posição e localização. Não desejamos nenhum perito, queremos, porém, que saibam o bastante para indicar, quando necessário, onde está localizada a enfermidade e em que órgão.

Por exemplo, o doente diz: sinto uma dor no peito. O médium concentrado, procura pela vidência, onde está a possível enfermidade. Uma vez senhor do campo, pela forma fluídica, está capacitado para determinar em que órgão está o mal, e, não raro, o gênero da enfermidade. Quando isto não aconteça, pela ligação fluídica que emana da doença com os fluidos irradiados do médium em concentração, este poderá perceber onde está a origem causadora do desequilíbrio orgânico. Ainda se isso se der, o médium sintonizado com as correntes vibratórias espirituais poderá receber por intuição.

Eis porque insistimos em que os médiuns curadores e passistas necessitam possuir alguns conhecimentos sobre anatomia humana, tanto do esqueleto, ossos, glândulas, como da circulação sanguínea e seus vasos. Este conhecimento facilitará em meio a tarefa do médium como poderoso auxiliar no diagnóstico, aplicação terapêutica dos fluidos e até prognósticos.

O esqueleto humano, conforme está disposto na figura 3, deve ficar impresso na mente do estudante, guardando o mais possível os detalhes e a posição dos ossos bem como suas articulações correspondentes, para facilitar a citação das enfermidades.

Visto o esqueleto, vejamos os órgãos e aparelhos.

CRÂNIO (Cabeça)

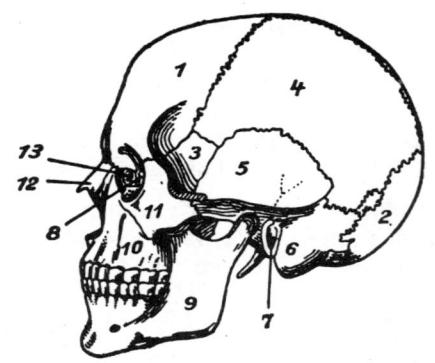

FIG. 4

Esqueleto da cabeça, 1 - frontal; 2 - occipital; 3 - esfenóide; 4 - parietal; 5 - porção escamosa do temporal; 6 - apófise mastóide do temporal; 7 - orifício do conduto auditivo externo; 8 - etmóide; 9 - mandíbula; 10 maxilar superior; 11 - maior; 12 - nasal; 13 - lacrimal

ESQUELETO DA CABEÇA
- CRÂNIO
  - ossos ímpares
    - frontal
    - occipital
    - etmóide
    - esfenóide
  - ossos pares
    - parientais
    - temporais
- FACE
  - ossos ímpares
    - vômer
    - maxilar inferior
  - ossos pares
    - maxilar superior
    - palatinos
    - molares
    - nasais
    - cornetos inferiores
    - lacrimais

APARELHO DIGESTIVO

Posição dos órgãos

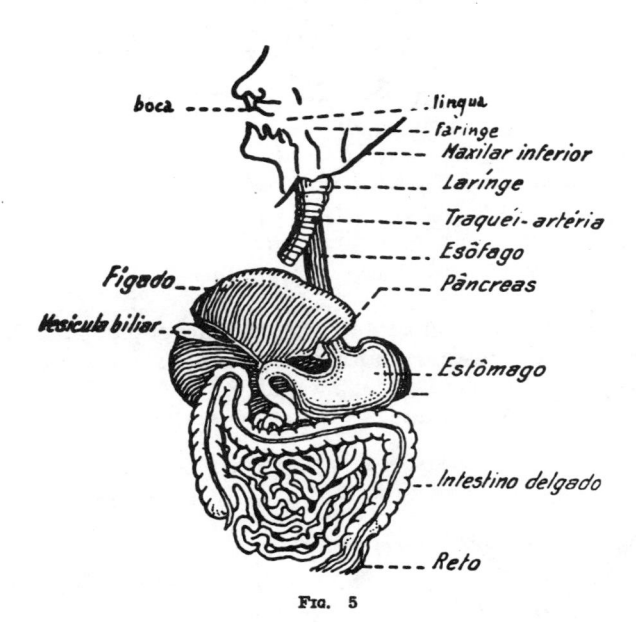

Fig. 5

Sendo o aparelho digestivo um conjunto de órgãos muito importantes em relação à mediunidade, em virtude da sua intimidade com o sistema vegetativo (nervo grande simpático e para-simpático), observemo-lo desde a boca até o reto, no trânsito de toda a digestão, até a expulsão dos resíduos inaproveitáveis da alimentação.

INTESTINOS
Delgado e grosso

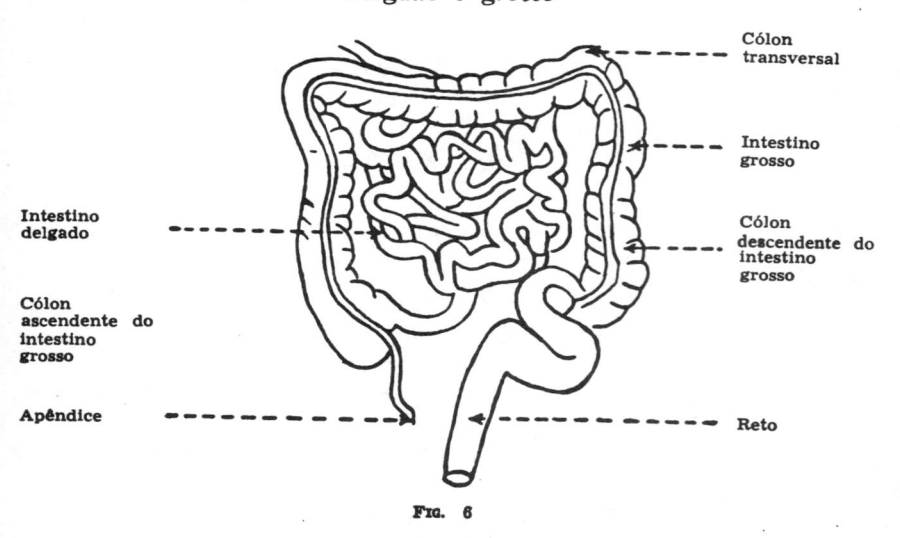

Fig. 6

- Cólon transversal
- Intestino grosso
- Intestino delgado
- Cólon descendente do intestino grosso
- Cólon ascendente do intestino grosso
- Apêndice
- Reto

Os intestinos, grosso e delgado, têm grande influência na mediunidade, visto ser ali onde atuam os "vampiros" vermínicos, sugando a vitalidade orgânica dos médiuns sem preparo. As mais variadas formas de vermes intestinais, tanto

FORMAS FLUÍDICAS

ARACNÍDEO

MIRIÁPODE

Fig. 7
As aranhas fluídicas

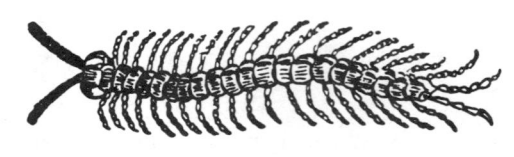

Fig. 8
Terrível sugador dos intestinos em forma fluídica e material, aquela posta pelos obsessores e esta pela doença material, sendo muito comum a sua localização no cólon ascendente, próximo do apêndice

materiais como fluídicas, perturbam a vida dos médiuns através desses órgãos da digestão, uns agindo juntamente com a flora microbiana interna e outros em forma fluídica (insetos e vermes), os mais horrendos e venenosos.

APARELHO URINÁRIO

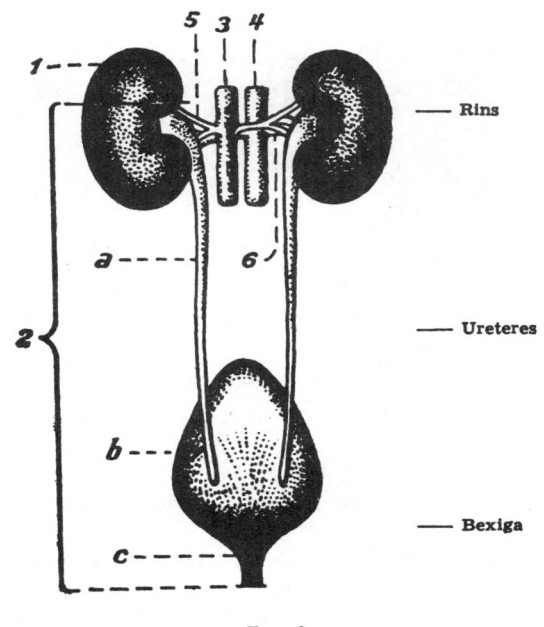

Fig. 9

O aparelho urinário é formado como está no esquema acima, figura 9, constituído de: RINS, CANAIS URETRAIS e a BEXIGA. Os males que atacam o aparelho urinário, manifestam-se por múltiplas formas, muitas vezes ligados às extremidades do aparelho digestivo. Este influencia por reflexos enfermiços, a distância, os órgãos vizinhos.

TRONCO DO ESQUELETO E PARTE DA BACIA

- - - - Vértebras cervicais
- - - - Esterno
- - - - Clavícula
- - - - Omoplata
- - - - Úmero
- - - - Vértebras lombares
- - - - Osso ilíaco
- - - - Fêmur

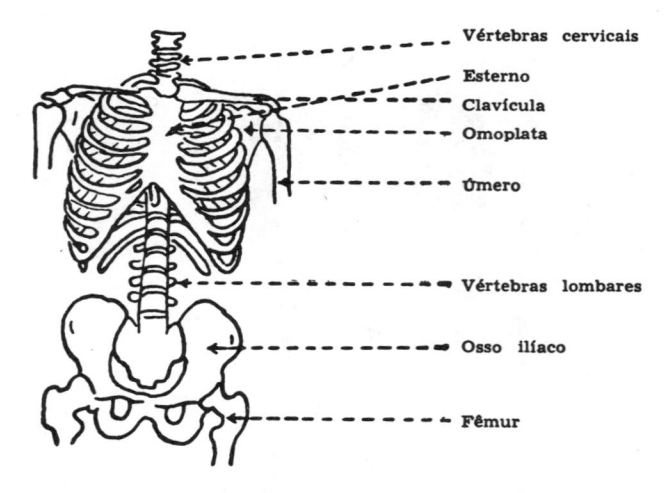

Fig. 10

Salientando estas importantes partes do esqueleto, assinalemos as vértebras cervicais ao nível das quais fica o Plexo Cervical. A Clavícula orienta o alojamento do Plexo Braquial na altura dos ombros.

A armação das clavículas protege os pulmões; o EXTERNO nos orienta para o Epigástrio que tem muita importância nos passes aplicados no abdômen. Ainda no tronco distinguimos as VÉRTEBRAS LOMBARES dentro das quais se encontra a medula espinhal, também de grande importância nos passes, por ser o lugar onde se acumula grande massa fluídica de ação maléfica.

VISTA LATERAL DO TRONCO

De perfil, lado direito

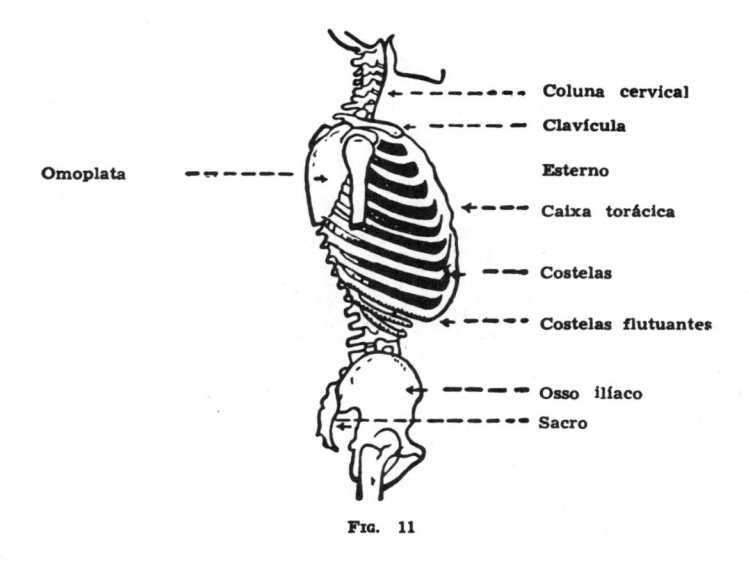

Omoplata
Coluna cervical
Clavícula
Esterno
Caixa torácica
Costelas
Costelas flutuantes
Osso ilíaco
Sacro

Fig. 11

Nesta gravura salientam-se as regiões das vértebras cervicais, das vértebras lombares e do osso sacro, onde devem atuar os passes com aproveitamento, de acordo com a terapêutica fluídica, devido à localização dos plexos correspondentes. (Vide fig. 25.)

ESTUDO DO ESTÔMAGO

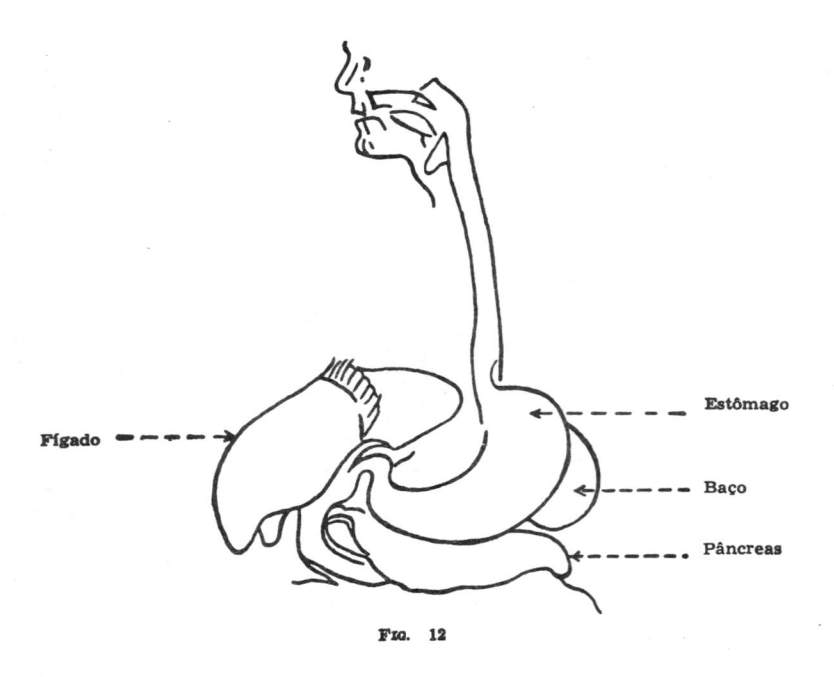

Fig. 12

Sendo o estômago outro órgão de grande atividade na digestão, não poderíamos passar adiante sem dele falarmos o bastante para explicar a sua posição no aparelho digestivo. No lado direito, superior, temos o fígado. No lado esquerdo, temos o baço. Embaixo do estômago, está o pâncreas, em correspondência com o cólon transversal do intestino grosso.

A posição em que estão estes órgãos deve ficar gravada com o médium passista, visto que, ficando o plexo solar atrás do estômago, tem ele muita influência nessas glândulas, com irradiação para os intestinos.

ESTUDO DO FÍGADO

O fígado está situado do lado direito do abdômen, um pouco acima do estômago, em íntima correspondência com os seus órgãos vizinhos e o aparelho digestivo, em virtude da sua ascendência sobre os fermentos da digestão. Nele se

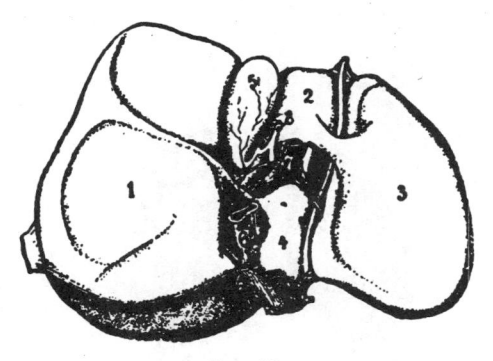

Fig. 13

agasalham muitas enfermidades, dando guarida a muitas perturbações de caráter mediúnico, principalmente às infecções quísticas amebianas e giardises. A sua configuração é muito fácil de guardar na lembrança para facilitar a "vidência mediúnica". A vesícula nem sempre se torna clara à vidência.

OS PULMÕES

(*Lado direito e lado esquerdo*)

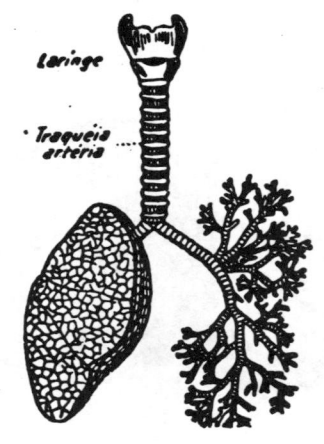

FIG. 14

Pulmão, brônquios e bronquíolos

O pulmão é constituído por um tecido esponjoso, dentro do qual se vê a arborização dos bronquíolos e ácinos pulmonares, onde se operam as trocas de sangue venoso por sangue arterial. Na sua face anterior está localizado o coração, um pouco à esquerda do tórax. O pulmão, auxiliado pelos movimentos do conjunto de costelas é, por excelência, o órgão da respiração. Nele se alojam muitas doenças, sendo a tuberculose a infecção mais comum entre todas.

Lição Segunda

LIGEIRAS NOÇÕES SOBRE FISIOLOGIA

Noções sobre fisiologia — Importância desses conhecimentos com aplicação nos tratamentos dos doentes — Ação do aparelho digestivo em consonância com a mediunidade — Circulação do sangue — Pulmões — rins — fígado — coração e sua subordinação às enfermidades mediúnicas.

*

* *

A fisiologia é a ciência que estuda as funções dos órgãos. Para o médium passista, esse estudo vem coadjuvar grandemente no tratamento de quase todas as moléstias. Não que exija um estudo profundo dessa matéria, mas, pelo menos, uma noção ligeira das funções que presidem aos fenômenos da vida orgânica animal.

Os fluidos, que são medicamentos, por excelência, das doenças, são absorvidos pela pele como também por ela eliminados depois de percorrer a corrente sanguínea e todo o trajeto do sistema nervoso.

CIRCULAÇÃO DO SANGUE

O sangue é o veículo alimentar do corpo, transportando a todas as células o suprimento de que elas necessitam para dar vida aos órgãos. Conforme vemos pela figura gráfica da circulação, o sangue é arterial ou venoso. Arterial é vermelho enquanto que o venoso é de cor azulada. O sangue

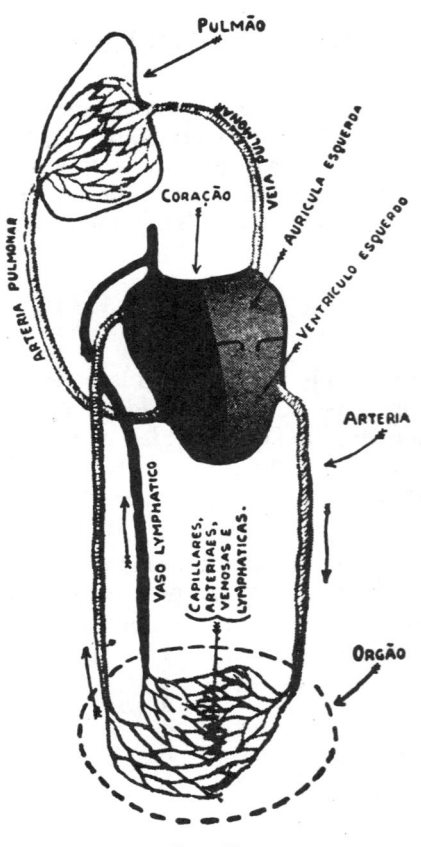

ESQUEMA DA CIRCULAÇÃO

Fig. 15

é distribuído no corpo pelos impulsos do coração, caminhando em jactos até às extremidades capilares. Estes se anastomoseiam pelos filamentos. O sangue venoso, na sua marcha, retorna para oxidação aos pulmões.

NO FÍGADO

São muitos os deveres que incumbem ao fígado, dado que a sua função é de defesa do organismo e principalmente atuar sobre a amônia. É esta uma substância perigosa que age sobre os centros nervosos.

Quando o sangue passa através do fígado, a amônia é convertida em uréia, que é inóqua, sem perigo, portanto.

Se não existisse o fígado, a vida orgânica seria impossível. Quando a sua ação é falha, todos os sistemas de órgãos sofrem e periclitam.

A proteína das carnes acarreta grande formação de amônia no sangue. Muitos venenos são elaborados pelo organismo. O fígado, na sua função benéfica os transforma e, quando não os elimina por si, passa-os para os rins. Estes os eliminam regularmente.

OS RINS

Os rins são os órgãos dosadores e retificadores. Eles se encarregam de dosar as quantidades de materiais necessários ao equilíbrio do organismo. A eliminação de substância

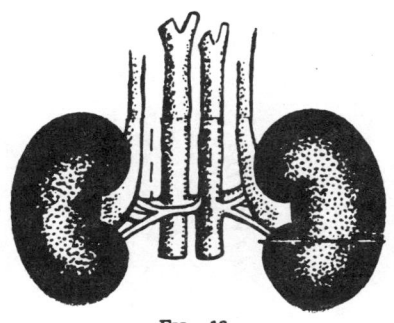

FIG. 16

perniciosa não é a única função dos rins. A sua importância está no inteligente trabalho equilibrador. Qualquer substância, mesmo salutar, pode tornar-se prejudicial, quando excessiva.

Os rins, então, exercem a ação equilibradora, mantendo a exata dosagem de todos os ingredientes (exceto gasosos), que figuram no plasma sanguíneo. O sal, por exemplo, é dosado pelos rins para entrar na circulação. É, por excelência, a função dos rins: dosadora e filtradora.

DIGESTÃO ALIMENTAR

A digestão dos alimentos começa na boca, onde a mastigação prepara o bolo com os fermentos bucais, daí descendo pelo esôfago até o estômago, onde se processa a segunda digestão.

Com o auxílio dos sucos estomacais, a digestão se ativa, transpondo os alimentos a passagem do piloro. Este, paulatinamente, vai dando passagem à massa impregnada dos fermentos até o duodeno, onde recebe os sucos biliares do fígado para emulsionar as gorduras, transformando-as em graxas (sabões) e para absorção nos intestinos. Já no intestino grosso, do bolo alimentar ingerido nada mais resta, pois, agora, são somente os resíduos, diríamos materiais inaproveitáveis, que são atirados fora do tubo digestivo, como podemos acompanhar no gráfico respectivo. (Fig. 17)

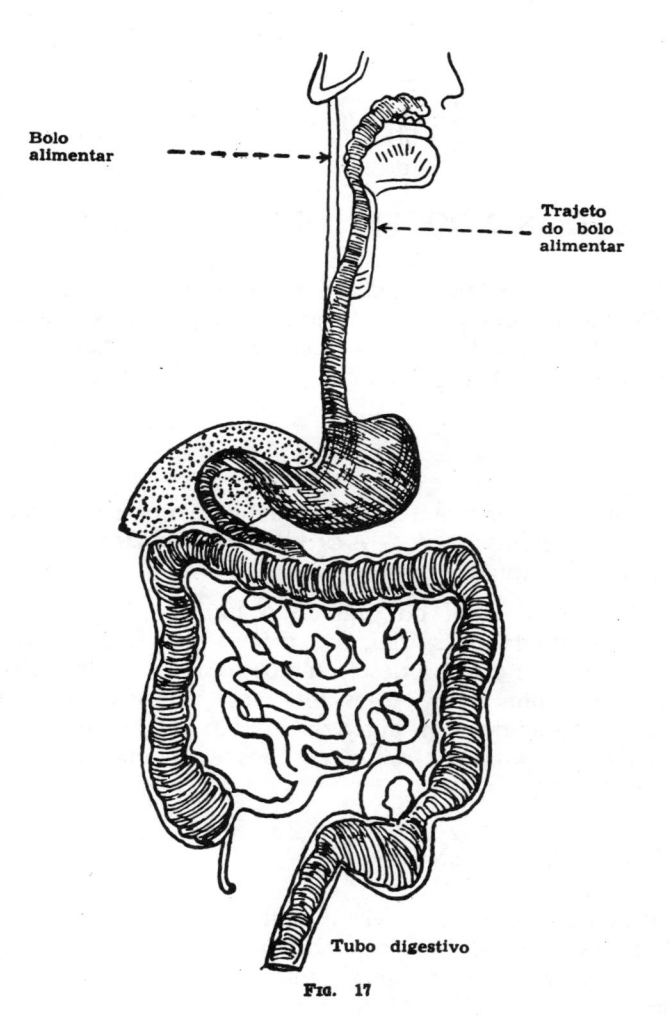

Bolo alimentar

Trajeto do bolo alimentar

Tubo digestivo

Fig. 17

Lição Terceira

LIGEIRAS NOÇÕES SOBRE PATOLOGIA

Estudos das doenças materiais e espirituais — Aplicação dos fluidos reparadores nos tecidos lesados pelas enfermidades — Patologia fluídica — Predisposições — Auto-Intoxicação fluídica — Patogênese das enfermidades infantis.

*
* *

Na medicina espírita, a patologia tem a mesma definição da ciência terrena, isto é, — é a parte da medicina que trata da origem e natureza das doenças.

A patologia geral do organismo humano, sob o ponto de vista da doutrina espírita, não cabe aqui neste ligeiro relato, se bem que o nosso desejo seria transmitir a maior soma de conhecimentos sobre o assunto aos médiuns curadores; entretanto, procuraremos sintetizar o mais possível os ensinos a fim de que possamos ministrar bons e orientadores esclarecimentos.

CAUSAS DAS DOENÇAS

Para nós, espíritas convictos, militantes da doutrina, não procuramos a doença no corpo físico. Reconhecemos, todavia, que ela existe mas, geralmente, assim entendemos, as enfermidades vêm do espírito, ainda mesmo as hereditárias. *O que existe na realidade, dentro das cristalizações, são*

CORPO DOENTE

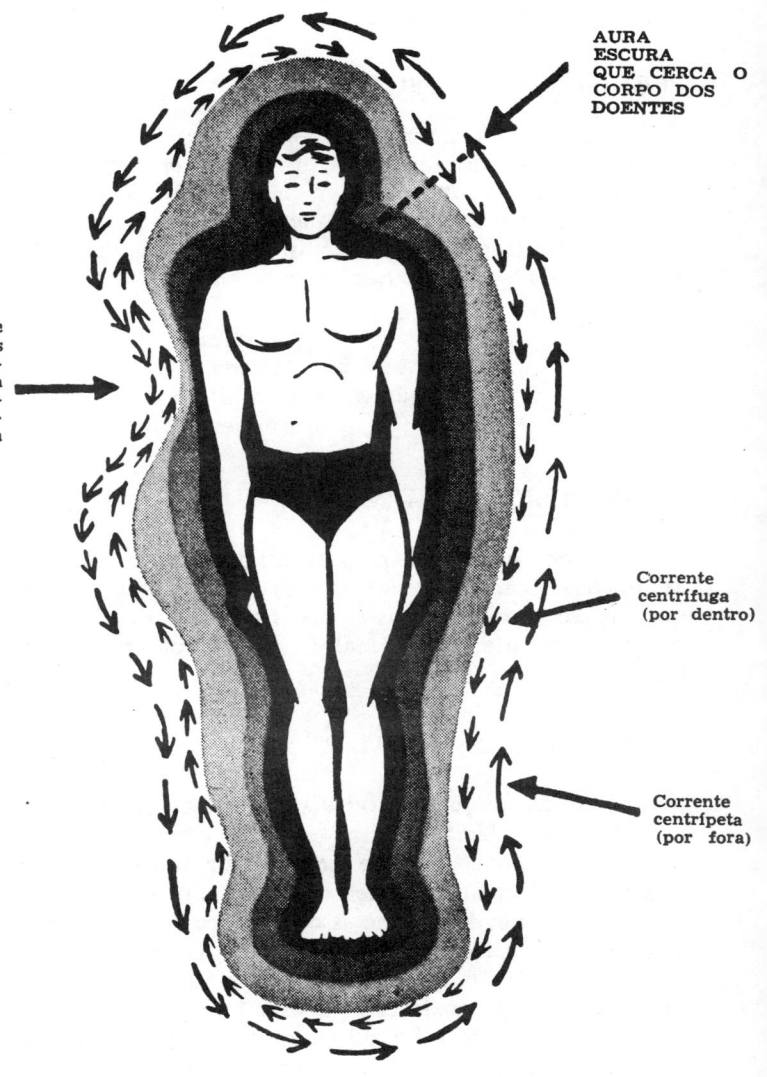

AURA ESCURA QUE CERCA O CORPO DOS DOENTES

Quando a saúde está lesada, as correntes centrífuga e centrípeta apresentam alteração no movimento circulatório da energia fluídica

Corrente centrífuga (por dentro)

Corrente centrípeta (por fora)

Fig. 18

Defeito na aura pelo desequilíbrio doentio

pontos de aglutinação dos fluídos doentios, criando a predisposição orgânica, para determinadas moléstias que podem afetar-nos em qualquer idade.

PREDISPOSIÇÃO ORGÂNICA

A predisposição orgânica é um estado que poderíamos chamar de "estado receptivo" de qualquer órgão para contrair a doença ou ainda melhor, para "atrair" a doença. Funciona como por indução em corrente elétrica. Antes dessa predisposição orgânica, houve uma causa determinante. E onde está ela? É aqui que começamos.

$$\text{Predisposição Orgânica} \begin{cases} \text{Cármica} \\ \text{Atraída} \\ \text{Hereditária} \\ \text{Ambiente} \end{cases}$$

PREDISPOSIÇÃO CÁRMICA

Sabemos perfeitamente através dos estudos espíritas, que as doenças cármicas são oriundas do perispírito enfermo que, ao reencarnar, transmite e traz já o nascituro, mesmo na vida intra-uterina, os males que a matéria ou Espírito tem que sofrer.

PREDISPOSIÇÃO ATRAÍDA

As predisposições atraídas são aquelas provindas de nossas vibrações. Uma criatura colérica, vibrando sempre maldade e pestilências, o que pode atrair senão essas mesmas coisas? Está dentro da lei dos "semelhantes atraem semelhantes". É inevitável que isso aconteça. Essa atração gera a auto-intoxicação, pela via fluídica. E, note-se, não será somente um órgão afetado, porque os maus fluidos corroborados pela auto-intoxicação se espalham pelos órgãos vitais, tais como o coração e fígado, pulmões ou estômago e daí para os instestinos, arrastando um corolário de sofrimentos. (Fig.

Linha mediana vertical

DESEQUILÍBRIO DO CENTRO MEDIANO

Falhas das correntes determinadas pelo desequilíbrio orgânico ou espiritual

Linha mediana horizontal

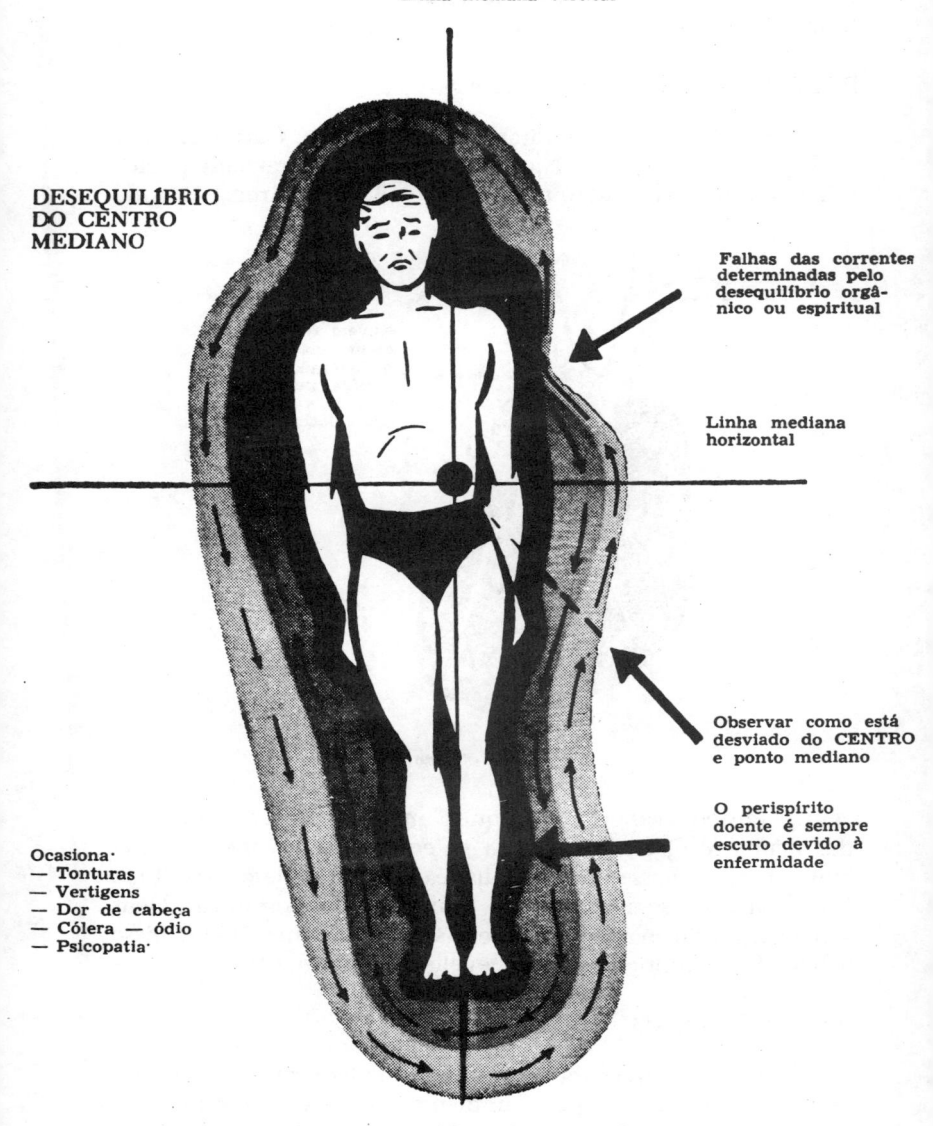

Observar como está desviado do CENTRO e ponto mediano

O perispírito doente é sempre escuro devido à enfermidade

Ocasiona·
— Tonturas
— Vertigens
— Dor de cabeça
— Cólera — ódio
— Psicopatia·

FIG. 19 — *Desequilíbrio do corpo enfermo*
O corpo se desequilibra das linhas Vertical e Horizontal

19). Os maiores males de que padece a humanidade encontram a sua causa na lei de atração vibratória.

PREDISPOSIÇÃO HEREDITÁRIA

A predisposição hereditária tem parte na Cármica, para os leigos na doutrina. Na verdade, os pais transmitem aos filhos muitos males, porque a carne é filha da carne. É onde

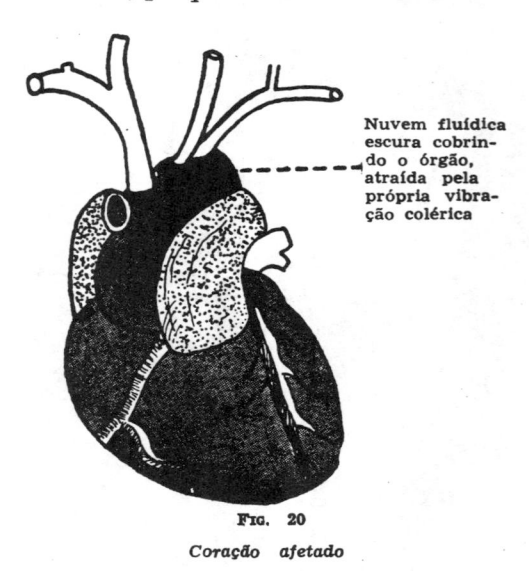

Nuvem fluídica escura cobrindo o órgão, atraída pela própria vibração colérica

FIG. 20
Coração afetado

vem o ensino evangélico de que "uma boa árvore não pode dar mau fruto", ou "pelo fruto se conhece a árvore". Entretanto, mesmo nessa herança, há causas de ordem espiritual. Não houvesse sementeira dos maus e não permitiria Deus a realização do mal. E se a lei assim determina, temos nisso o benefício próprio em nossa evolução para o Alto.

PREDISPOSIÇÃO DO AMBIENTE

A muitos parecerá estranha esta determinação de ambiente. Entendemos por "ambiente" o local onde fazemos a nossa morada, a casa onde residimos com nossa família, pais, mães e filhos ou parentes e mesmo estranhos. Deste local, seja a nossa casa tóda e mais preferencialmente o comodo onde mais se pára, destacam-se a sala de refeições e quarto de dormir. Nestes lugares, os pensamentos emitidos estão condensados em nuvens, forrando o teto, que se movimentam por tôda a casa, obedecendo, em ondulações serpenteadas, os chamamentos pelas vibrações sintonizadas. Se as vibrações dos residentes são boas, nuvens benéficas terão; se são más, escuras e doentias são as nuvens. Estas nuvens não são visíveis ao olhar humano, entretanto elas existem como existem no firmamento da crosta terrestre o produto das mentalizações da humanidade, como nos ensina André Luís.

PATOGÊNESE DAS ENFERMIDADES INFANTIS

Quanto ao estudo dos males que atacam a infância, desde o recém-nascido, a causa já está na parte das "predisposições". Tanto a hereditariedade, como a predisposição orgânica causada pela tara são responsáveis pelas múltiplas doenças que atacam as crianças desde a primeira idade. Há também o contágio, que transmite à criança as doenças de que os pais e as mães são portadores, bem como pelas mãos sem higiene, panos e roupas infetados. Depois, vem a contaminação direta pelos beijos carinhosos e outras carícias que a prática deveria abolir, por serem completamente perigosas à saúde da criança. Veja-se o cuidado que a moderna pediatria tem com os recém-nascidos, resguardando-os em câmaras de vidro nos conhecidos berçários.

VIAS DE INFECÇÃO

Depois das vias psíquicas, a via digestiva é por onde as enfermidades fluídicas se alojam (fig. 21). Por isso, insistimos em que ela fique bem gravada na mente de todos os médiuns curadores estudiosos.

VIAS DE INFECÇÃO

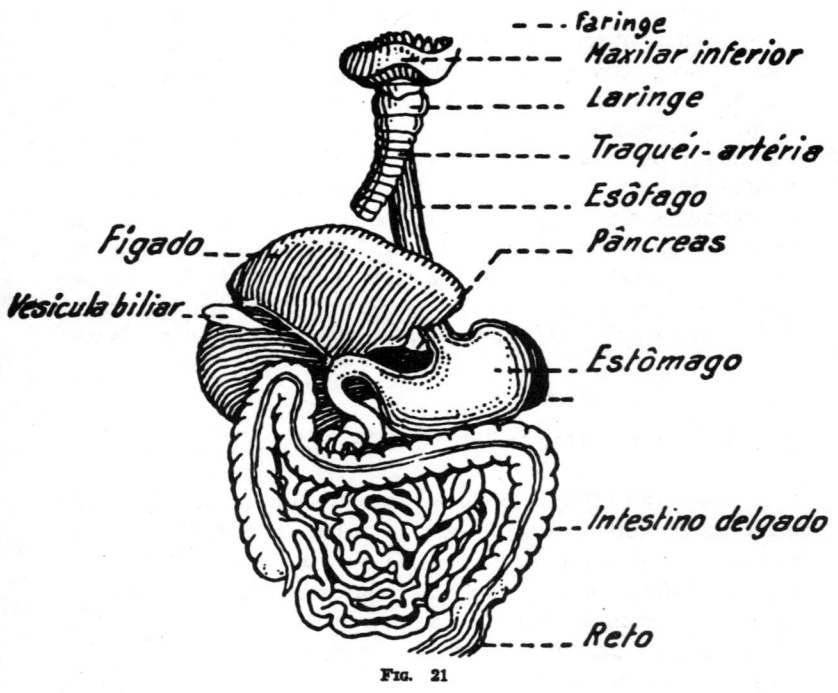

Fig. 21

Aparelho digestivo

Os órgãos acessórios, pulmões, fígado, pâncreas e outras glândulas, na patologia mediúnica, não sofrem influenciação direta, porque são antes receptores de intoxicação, pela via psíquica.

Lição Quarta

LIGEIRAS NOÇÕES SOBRE O ESTUDO DO SISTEMA NERVOSO E DOS PLEXOS

Sistema nervoso central — Sistema do Grande Simpático — Os nervos são condutores elétricos do corpo humano. — Os plexos nervosos e sua importância na aplicação dos passes — Plexo Solar (também chamado o "pequeno cérebro abdominal") — Sensibilidade do sistema nervoso.

*

* *

O médium curador, que deseja aperfeiçoar-se nos conhecimentos científicos da sua missão, não pode prescindir destes estudos, embora ligeiramente, como o fazemos. Pois, toda a atividade do passe se baseia no manejo das correntes constituídas pela energia nervosa. Assim, um técnico eletricista que não possua noções de eletricidade e da distribuição das correntes respectivas, como agiria quando chamado ao trabalho ativo, dentro do emaranhado de fios? Só poderia produzir curtos-circuitos e conseqüentemente o desgaste da máquina elétrica, bem como os acidentes de que seria fatalmente vítima. Está no caso o médium passista que se aventura a "impor" as mãos sobre o paciente (fig. 35, pág. 108) (neste caso a máquina elétrica), sem ter a mínima noção do manejo dos fluidos. É o resultado de muitos médiuns se queixarem de que, depois da transmissão do passe ficarem

SISTEMA NERVOSO

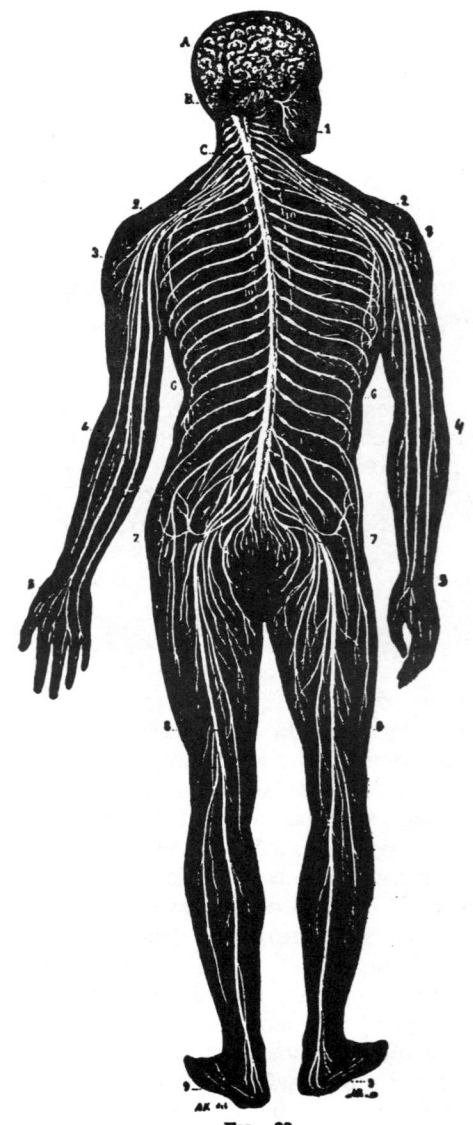

Fig. 22

Face posterior do corpo

MEDULA ALONGADA

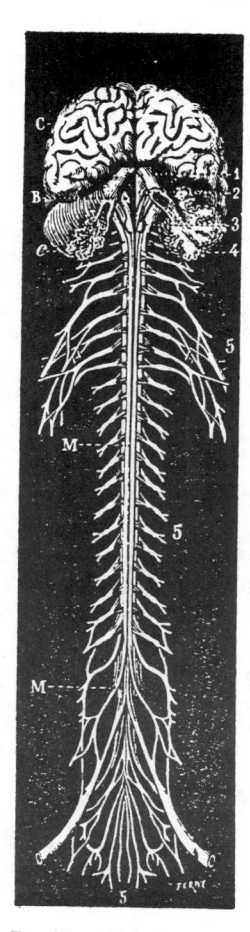

Fig. 23 — *Sistema nervoso central (face anterior)*

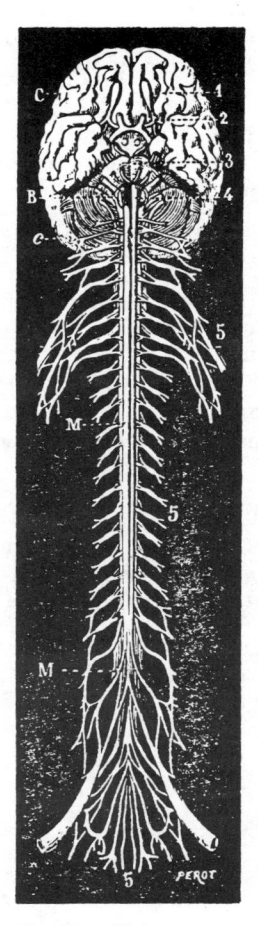

Fig. 24 — *Sistema nervoso central (face posterior)*

Fig. 23 — C. Cérebro (base). — B. Bulbo raquidiano ou medula alongada. — c. Cerebelo. — M-M. medula espinal. — 1. Nervoso olfativo. — 2. Nervo ótico. — 3. Protuberância anular. 4. Pirâmides anteriores do bulbo raquidiano. — 5-5-5. Nervos espinais. — Fig. 24 — C. Cerebelo (lobos posteriores erguidos e empurrados para adiante). — B. Bulbo raquidiano. — c. Cerebelo, do qual se cortou o lobo médio e se afastaram os lobos laterais para descobrir a face posterior do bulbo raquidiano. — M-M. Medula espinal. — 1. Pedúnculos do cerebelo. — 2. Calamus scriptorius (nó vital). — 3. Pirâmides posteriores do bulbo raquidiano. — 4. Corte do lobo direito do cerebelo para fazer ver a árvore da vida. — 5-5-5. Nervos espinais.

sentindo o mal dos seus doentes, os quais, por sua vez, em outra ocasião, reclamam ter piorado o seu estado depois de receberem o passe.

O sistema nervoso forma sobre o corpo humano uma rede de fios trançados que se alongam, tornando-se cada vez mais finos na proporção que avançam, formando gânglios ou plexos.

O sistema nervoso subdivide-se em CEREBROSPINAL e GRANDE SIMPÁTICO.

Pelo sistema nervoso, o homem manifesta a sua atividade motora. Pelo sistema ESPINAL, ele mantém o estado da vida de relação, que é o *consciente*. O SIMPÁTICO constitui o sistema nervoso orgânico, regendo o *inconsciente* e os movimento autônomos, da vida vegetativa, de vários órgãos do corpo.

Os movimentos voluntários são dirigidos através do sistema central (consciente) e periférico.

Quando os movimentos cessam sob a ação da anestesia geral, a vida fica dependendo unicamente do sistema SIMPÁTICO (vida vegetativa).

O sistema nervoso simpático é, por excelência um órgão mediúnico. Pois, por ele são formados os plexos, que têm grande influência nas relações com as enfermidades físicas ou espirituais.

PLEXO CRANIANO

Dos 3 pares de gânglios intracranianos, no trajeto dos trigêmeos, resulta o plexo craniano.

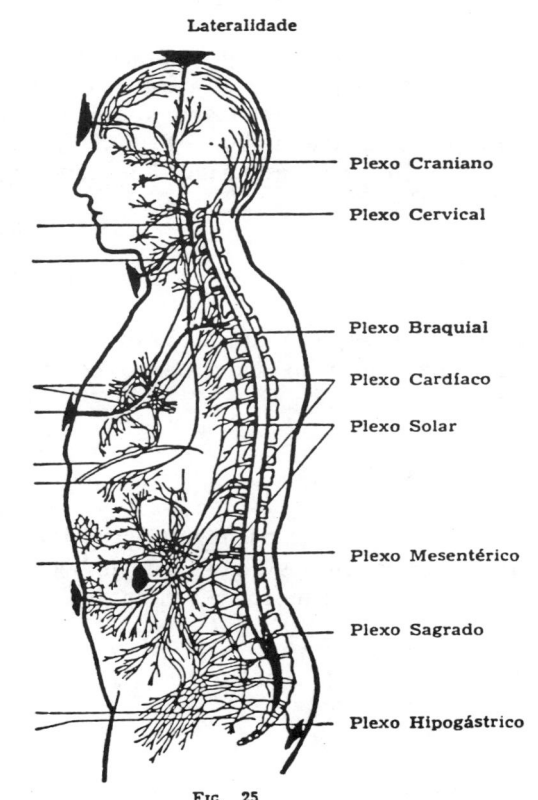

FIG. 25
Esquema dos plexos visto de perfil

PLEXO CARDÍACO

Os gânglios cervicais são 3 pares localizados de cada lado das vértebras do pescoço, deles partindo os nervos que chegam ao coração. Juntamente com os ramos nervosos do pneumogástrico formam o conhecido Plexo Cardíaco.

PLEXO SOLAR

(também chamado cérebro do abdômen)

O gânglio semilunar, que é a terminal que vem do grande nervo esplênico depois de atravessar o diafragma, colocando-se sobre a boca do estômago, forma uma colônia de glânglios estrelados denominados — PLEXO SOLAR, com ramificações que vão ter ao estômago, intestinos, fígado, baço, rins e aorta. (Fig. 26)

PLEXO MESENTÉRICO

Está situado, este plexo, ao nível dos rins e é constituído pelos filêtes que o formam, indo inervar os vasos da região e o intestino grosso.

PLEXO HIPOGÁSTRICO

Este plexo fica situado na região da bexiga e é formado pelos 4 pares de gânglios sagrados ou também chamados — pélvicos. Este plexo é também chamado de Plexo Prostático.

PLEXOS E GÂNGLIOS DO CORPO HUMANO — FRENTE

— Plexo Cervical

— Plexo Braquial

— Plexo Cardíaco

— Cordões de gânglios

— Plexo Solar

— Plexo Sagrado

— Plexo Hipogástrico

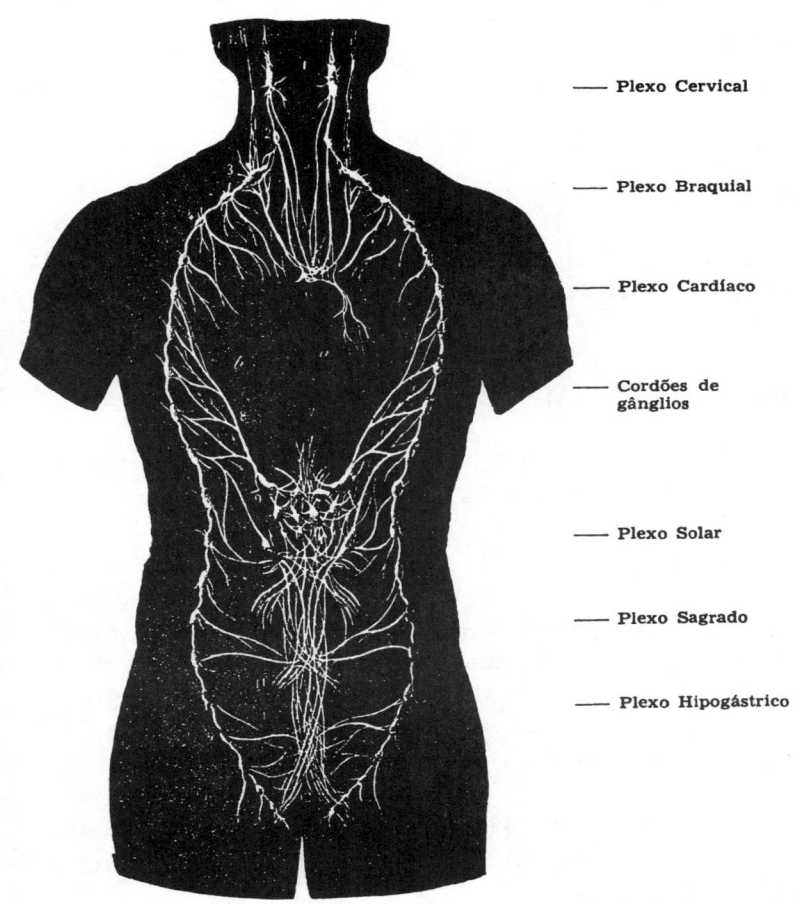

FIG. 26 — *Cordões de Gânglios e plexos, vistos de frente*

O passe, partindo da "imposição dupla" (fig. 35, pág. 108), desce correndo com as mãos o trajeto dos cordões de glânglios desde o plexo craniano, braquial, ou cervical até ao plexo sagrado, distribuindo as correntes na direção dos cordões, de lado a lado, do corpo.

FORMAÇÃO DOS PLEXOS NERVOSOS

PLEXOS FORMADOS PELOS NERVOS

Os pares de nervos e plexos são:

PLEXO CERVICAL

Dos 8 pares de nervos cervicais, os quais partem da medula, os 4 primeiros formam o plexo cervical, ao lado do pescoço.

PLEXO BRAQUIAL

Os pares de nervos braquiais formam o plexo braquial que se prolonga para os nervos do braço.

PLEXO LOMBAR

Na região dos rins temos os 5 pares lombares formando o Plexo Lombar, de onde parte o nervo crural que segue para a coxa.

PLEXO SAGRADO

Na região do SACRO temos os 6 pares sagrados constituindo o plexo sagrado, de onde sai o nervo ciático para as pernas.

Lição Quinta

ESTUDO DOS FLUIDOS

Fluido é o elemento Universal — Eterização e materialização dos fluidos e seus estados — Modificação dos fluidos o ímã do barão de Reichenbach e seus médiuns sensitivos — Lado positivo e lado negativo do corpo humano — Ação dos fluidos sobre o corpo humano — Ação dos fluidos sobre o corpo físico e corpo espiritual do homem — Polaridade magnética do corpo humano.

o

o   o

Fluido é um elemento cósmico que dá origem à formação de todas as coisas pelas suas conseqüentes modificações, encontrando-se nos estados de eterização e de condensação (ou materialização).

O fluido etérico, ou seja, o éter propriamente dito, é do domínio do plano espiritual, ao passo que o material pertence ao mundo terráqueo, ou seja, dos planos dos encarnados (Kardec). Não está ele ainda muito bem definido pela ciência terrena, nos seus elementos constitutivos, mas, em virtude do progresso a que chegamos já na era atômica, esperanças há de que muito em breve, com a entrada no próximo milênio, grandes descobertas sejam realizadas nesse campo científico. Todavia, a doutrina espírita vem resistindo, embora lentamente, os seixos do caminho através da mediunidade, pela multiplicidade dos fenômenos que nos é dado observar, onde se constata o patente manejo dos fluidos.

O fluido cósmico é o elemento de trabalho dos Espíritos, matéria de que eles mesmos são formados. Eles o manejam com tanta facilidade, por meio do pensamento, como o homem maneja com as mãos os materiais que lhe são peculiares (Kardec).

Na Terra, os estudos dos fluidos começaram com a experiência do barão de Reichenbach, na Alemanha. Tendo este

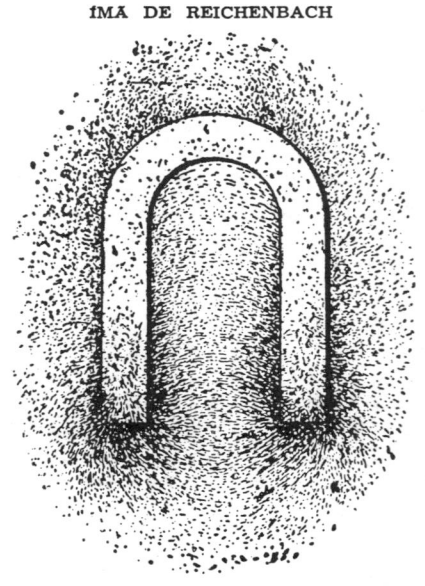

ÍMA DE REICHENBACH

FIG. 27 — *Fluidos magnéticos materiais*

cientista observado que um poderoso ímã atraía pregos e até levantava pesos, demonstrando assim manifestação fora do comum, concluiu que esse fenômeno era o resultado de uma força desconhecida. Sob a influência dessa idéia, construiu uma caverna completamente escura e atirou, ao acaso, num canto qualquer dela, o seu ímã fenomenal, para aquele tempo. Em seguida convidou diversas pessoas a penetrarem nela e procurar se viam alguma coisa. Ninguém viu nada a não ser a completa escuridão. Em segunda experiência fez nova tentativa, fazendo entrar outras pessoas que julgava serem sensitivas, ou sejam, médiuns especializados. Estes logo divisaram num canto da caverna algo de anormal. A experiência tinha sido coroada de bom êxito, chegando às raias do maravilhoso, nessa época. A primeira pessoa, depois de ter permanecido no recinto cerca de meia hora, indicou o lugar exato onde estava o ímã no escuro. O médium tomou o barão pela mão e conduziu-o tateando na escuridão até junto ao ímã, onde ambos o encontraram, atraídos que foram por uma luz de flamas amarelas e azuis, contornando a forma de ferradura que tinha o ímã. O barão entusiasmou-se e tornou a repetir a experiência, cujo sucesso foi confirmado por mais seis médiuns sensitivos. Desdobrando as pesquisas, empregou, posteriormente, o cristal de rocha, compostos químicos, cristais salinos e outras substâncias que os sensitivos viam cercados de chamas de colorações variadas. Além disso, os médiuns descobriram nos cristais um ponto quente e outro frio, pequenas chamas em torno da linha equatorial e outras em torno das faces. Os pontos indicavam o eixo da polarização magnética: o norte e o sul, os pólos positivo e negativo. Prosseguindo, o barão mostrou ainda que as plantas quando se desenvolvem, emitem constantemente pequenas chamas coloridas de vários matizes que lhes formam uma aura circundante.

Voltando as suas pesquisas para o homem, o barão descobriu que também existe uma aura bem definida, um eixo de polarização, um pólo positivo e outro negativo, conseguindo uma série de outros fatos muito interessantes. Considerou ele essas chamas ou essa aura como uma força, pois que no ímã o ferro é atraído e deu-lhe o nome de força--ódica. Tais são os resultados obtidos pelo barão de Reichenbach, o verdadeiro pioneiro no domínio das pesquisas psíquicas.

As publicações deste cientista, observadas por muitos, despertaram grande curiosidade na Europa e a muitas inteligências deram novas orientações ao pensamento. Desde então, outras experiências têm sido realizadas e hoje, positivamente, verifica-se que o homem apresenta duas naturezas, ambas magnéticas: uma positiva, do lado direito, descendente; e outra negativa, do lado esquerdo, ascendente (fig. 28), que formam as correntes centrífugas e centrípetas, já citadas.

POLARIDADE MAGNÉTICA NO HOMEM

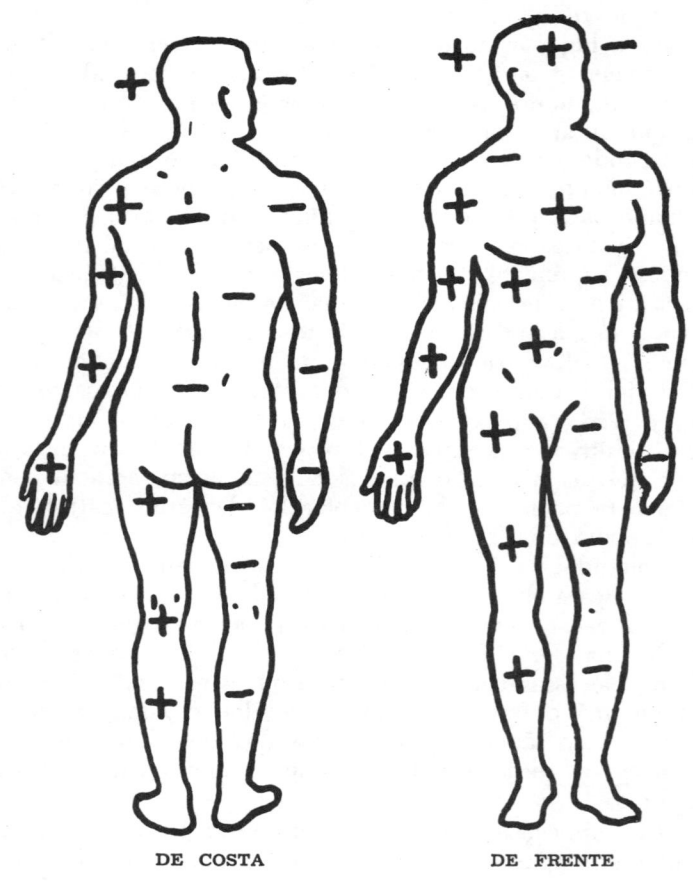

DE COSTA DE FRENTE

Fig. 28

O traço horizontal — quer dizer "negativo" e a + quer dizer positivo

Essas irradiações estão em correspondência muito íntima com as cargas elétricas (positiva e negativa) do corpo humano e com os sistemas de respiração.

Conforme se observa pela gravura explicativa, vê-se que o corpo humano dispõe de lateralidade magnética, notando-se pelas cargas de fluidos leves ou pesados, que a mão direita carrega a corrente positiva, a esquerda, a negativa, e nas faces as correspondentes. Daí depreende-se a razão pela qual os médiuns passistas dão preferência ao passe transmitido pela frente do paciente, com "imposição dupla", ou seja, com ambas as mãos, visto que atingem os dois pólos, tendo por isso, ação mais eficiente. Entretanto, quando o passe é praticado com uma só mão, deve-se ter o cuidado de não contrariar a direção das correntes, cujos princípios eletromagnéticos são imutáveis.

Os fluidos, como sabemos, são elementos que passam por várias transformações até chegar à materialização, que é a condenação dos fluidos. Os que estão mais próximos da Terra, são os que formam a sua atmosfera espiritual, os conhecidos resíduos do pensamento humano, na região do Umbral, onde fazem a sua primeira parada os espíritos que não têm elevação bastante para alcançar esferas mais altas (André Luís).

Os fluidos estão em estado latente na atmosfera; por si não têm ação nem agem com inteligência, sòbre determinada coisa. Embora sempre vivam em movimento incessante no estado de energia cósmica, só atuam quando impelidos por força estranha. Entretanto, mutuamente influem-se e modificam-se a si mesmos, pela lei dos mais fortes atuarem sóbre os mais fracos, como as essências e aromas.

EMISSÃO DE FLUIDOS PELAS MÃOS

As mãos dos médiuns, quando concentrados, no momento em que transmitem o passe, tomam uma coloração azul-clara com nuances de verde, emitindo raios muito fosforeantes, que atingem alguns centímetros de espessura. Das

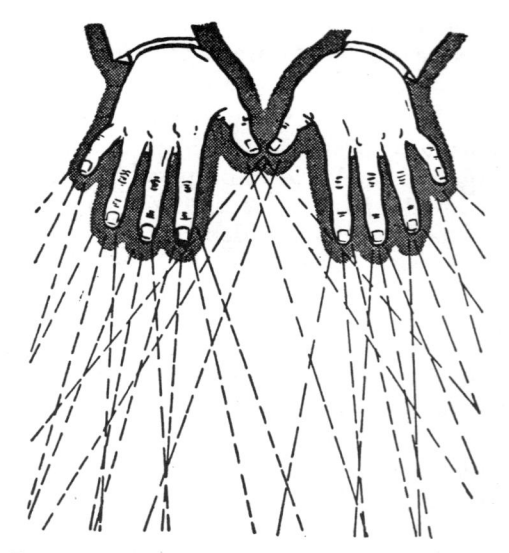

FIG. 29 — *Raios fluídicos ou chuveiro de fluidos, notando-se a aura que circunda as mãos*

pontas dos dedos são emitidos pela vontade do médium, formando um chuveiro magnético, na direção que lhes for imprimida. Os dedos de projeção mais fortes são os polegares e logo em seguida os indicadores. Quando os dedos se juntam em forma de feixe, os fluidos perdem a forma dispersa e caem em jactos fortíssimos, penetrando profundamente no organismo. Muito útil na dissolução de cálculos biliares ou renais e formação de tumores internos, ainda na fase aguda, quando usados pelos passes rotatórios, seguidos dos de dispersão, e os fluidos elétricos ou magnéticos que são influenciados pelas leis da polaridade.

Lição Sexta

PREPARO FÍSICO, MORAL E ESPIRITUAL DOS MÉDIUNS CURADORES

Preparação do corpo e do Espírito — Preparação moral e intelectual — Alimentação e líquidos — *"Qui nimis alitur, non satis alitur"* — Preparo Espiritual dos médiuns passistas e curadores — Atmosfera fluídica do homem — O preparo moral e suas vibrações — Colorações das auras.

º

º º

PREPARO FÍSICO

A saúde do médium curador é uma condição primordial para o bom trabalho. Se o médium não tem saúde como pode dá-la a outrem? Quem é que tem o poder de dar o que não possui? Se os fluidos saem do corpo e do Espírito do médium é lógico que vão impregnados do que eles contêm. O perispírito não carrega os males, quando não evoluído, para além-túmulo? Portanto, cada um transmite, através dos fluidos que projeta no paciente, aquilo que contém no corpo ou no espírito. A mais leve alteração na saúde do médium, o impossibilita de dar passes (leia-se J. Ochorowicz, na página 132 deste livro).

Para que um médium realize em boa forma a sua missão, deve estar sempre dentro de um equilíbrio perfeito, moral e físico. Estas condições precisam ser rigorosamente observadas. A menos que não queiram depois arcar com as tremendas responsabilidades de médiuns fracassados. A alimentação é o primeiro passo. Sempre em hora certa, sóbria, abstendo-se de carne pesada o mais possível e condimentos muito apimentados. A carne, quando em demasia, produz na transpiração mau odor e hálito desagradável cujos fluidos deletérios vão longe e prejudicam o bom funcionamento dos intestinos, podendo causar sérios transtornos à saúde. Os comilões sobrecarregam as funções digestivas, perturbando a vivacidade do Espírito, o qual se torna lerdo, ou diríamos melhor, com a consciência embotada. Para os médiuns que abusam da alimentação está resguardado um futuro não muito risonho no campo mediúnico. Os gastrônomos não são os melhores alimentados. *"Qui nimis alitur, non satis alitur"*, ou seja, quem come muito não se alimenta bastante, e fica propenso à obesidade. Sabe-se que a carne, o chocolate são contrários aos bons fluidos.

O regime alimentar preferencial deve ser o vegetariano e a dieta hídrica. Tome-se por hábito um copo de água em jejum e outro ao deitar-se para o repouso noturno. Isso traz ao corpo o máximo de bem-estar pela regularização de todas as funções dos órgãos encarregados da nutrição.

Ao hábito da boa alimentação alia-se o hábito da boa respiração, a qual não deve ser viciada, como geralmente acontece. O exercício respiratório recomendado é respirar lento, a fim de permitir a perfeita combustão do sangue nos pulmões.

O trabalho diário para o ganha-pão deve também ser metodizado para que o corpo não venha a sofrer as consequências de um desgaste prejudicial. O exercício cansativo é contrário às reservas de bons fluidos.

O repouso para dormir deve ser no mínimo de 7 horas por noite para que o corpo não se ressinta de fadigas não reparadas, levando em conta também que o excedente desta hora é supérfluo e prejudicial.

PREPARO MORAL

A preparação de um bom médium curador e passista está no preparo moral, insofismavelmente. Sem uma moral à prova das tentações inferiores, não pode, em absoluto, haver bom médium. "Há mediunidades extraordinárias, mas poucos médiuns extraordinários."

Na verdade, estamos num mundo de imperfeições e logicamente, somos imperfeitos também, salvando-se os abnegados, que são missionários na Terra.

Nesta parte da reforma moral, "O Evangelho Segundo o Espiritismo", de Allan Kardec, é um guia seguro para todos os que entram para a seara de nosso Senhor Jesus Cristo. A doutrina dos espíritos segue os ensinamentos do Mestre Divino. Portanto, o médium passista está na obrigação de trilhar a senda evangélica por pensamentos, palavras e obras, se quiser ser um dos "escolhidos entre os chamados". Mas, para que possa "ir e curar os enfermos", tem que manter uma linha de conduta impecável, pondo o coração adiante do cérebro. Queremos dizer, ao próximo, praticando sempre o bem, com a consciência sempre boa para com Deus, e jamais a sua boca se abra para proferir uma mentira, ainda a mais inocente que seja, porque será sempre uma mentira.

Se os fluidos saem com as qualidades da fonte de onde provieram, os médiuns curadores necessitam dar bons fluidos pela boa saúde e moral sã.

Os espíritos do Bem e da Verdade só podem fazer uso de um intermediário que esteja nas condições requeridas para o serviço indicado. Contudo, há médiuns que produzem curas sem ter o preparo pedido, mas quem será que os assiste? Cada um tem a companhia que lhe é afim, pois a lei dos semelhantes é infalível. Salvo os desígnios da Sabedoria Divina.

DESDOBRAMENTO DO ESPÍRITO

FIG. 30 — *Espírito liberto pelo sono*

Entendemos por desdobramento do espírito o ato deste deixar o corpo e sair no seu duplo, para qualquer parte, transportando-se, muitas vezes, para determinado lugar. Esta operação do espírito é, muito impropriamente, chamada de transporte, o que constitui engano, porquanto o "transporte" é empregado em "efeitos físicos".

O desdobramento é uma faculdade do espírito em caminho para o mais Alto, e muito usada no socorro aos infelizes do plano espiritual ou mesmo aos enfermos encarnados.

Médiuns há que têm esta faculdade tão desenvolvida que, mesmo em vigília, basta apenas ligeira concentração, e o seu espírito solta-se para os pontos indicados pelo próprio pensamento.

Outras vezes, levanta-se calmamente do leito, com a maior naturalidade como se lhe fosse comum, observa seu corpo e de outras pessoas na mesma cama e repentinamente encontra-se em outras paragens, para cumprir determinadas obrigações, no espaço ou na terra. É o preparo espiritual que já está em boas condições.

PREPARO ESPIRITUAL

O homem está circunscrito por um oval fluídico que constitui a própria atmosfera em que vive, refletindo esta os seus sentimentos e pensamentos, os quais são constantemente modificados pelas próprias vibrações (fig. 31). Como também possuem a sua atmosfera os lugares onde habitamos; e ficam como depositários dos nossos pensamentos. Principalmente as casas de moradias, local de trabalho, objetos de uso pessoal e até mesmo os alimentos trazem as emanações de quem as manipulou, desde a colheita até a cozinha. Não fossem as operações chamadas de "limpeza" praticadas inconscientemente pelos médiuns e pelos nossos bons Espíritos, encarregados por Deus da nossa proteção, que seria da pobre humanidade, entregue à mercê dos maus? Estas formações fluídicas de má origem não perduram onde há boas vibrações. Estas, dissolvem aquelas, as quais se desfazem como as nuvens no espaço, tacitamente. Os médiuns de força mediúnica operam também estas "limpezas de ambiente", quando presentes ou a distância delas.

O médium curador prepara-se espiritualmente pela reforma moral, reajustando os bons sentimentos, pautando a sua norma de vida pelos bons pensamentos, boas palavras e melhores atos na vida prática. A elevação do espírito para esferas sublimadas está na dependência do comportamento do médium, em todos os sentidos, ou seja, como disse Paulo de Tarso, "despir o homem velho para vestir o homem novo", repetimos. O espírito aproxima-se do Divino Mestre na proporção que vai perdendo os seus vícios perniciosos, arraigados desde milênios. Para proceder à purificação basta lembrar que há olhos invisíveis que vigiam os nossos atos, palavras e pensamentos constantemente. Aos homens, podemos enganar, mas, nunca a Deus.

ATMOSFERA DO HOMEM

Corrente centrípeta

Corrente centrífuga

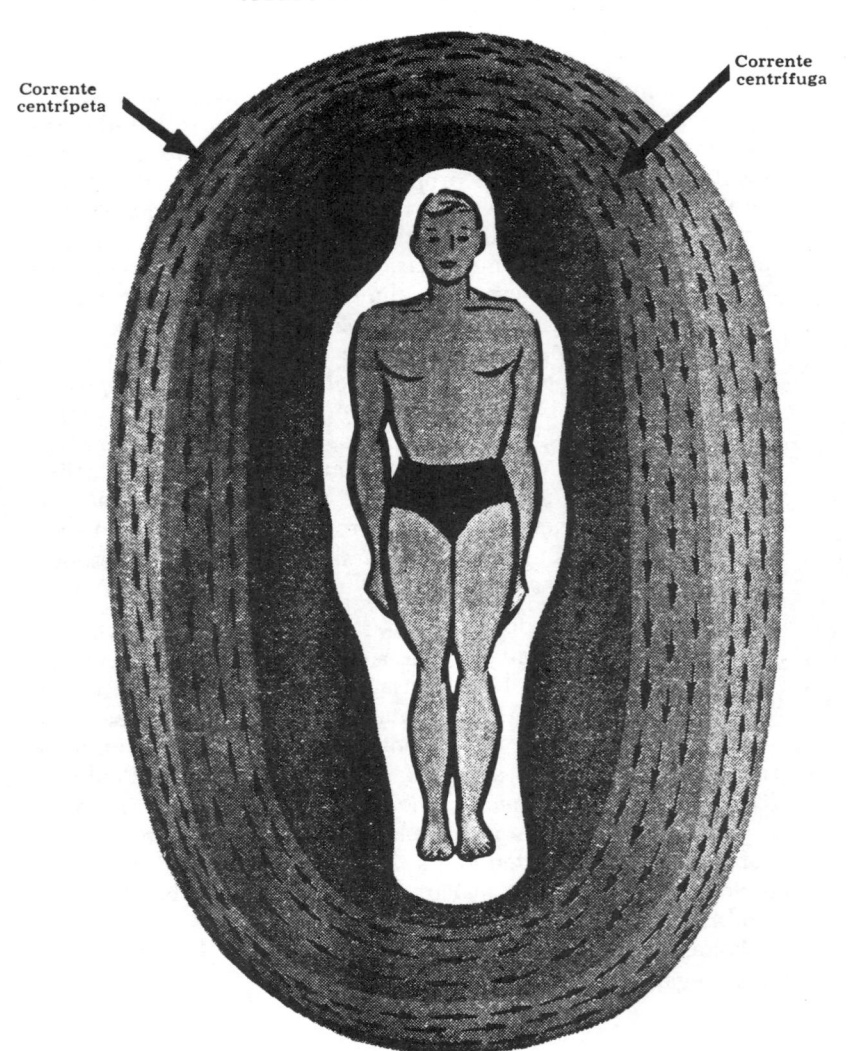

Fig. 31 — *Ovalado fluídico onde vive o homem*

Na atmosfera fluídica do homem, conforme a gravura supra, temos a aura branca que é a aura material ou corpo perispiritual do encarnado ou seu duplo, como é mais conhecido. Em seguida temos a mais escura onde se gravam os reflexos dos pensamentos, vindo depois as duas últimas partes integradas pelas correntes centrífugas e centrípetas, uma seguindo em direção contrária à outra dentro do equilíbrio vital.

Esta atmosfera é o meio onde vive o homem, porque ela constitui o conjunto dos pensamentos e realizações dele mesmo. Quando é bom, o meio também o é, e quando é mau a sua aura também. Pois, já vimos que a aura tem a cor reflexa dos próprios pensamentos.

Lição Sétima

PREPARO DOS PACIENTES

Ambiente familiar — Posição mental do doente — Estado de receptividade — Condição espiritual.

*
* *

Preparar um doente para aplicação do devido tratamento espiritual é colocá-lo em estado de perfeita harmonia para com a fé em Deus. Geralmente quem está doente tem as forças abatidas pelas perturbações que sofre e muitas vezes não é capaz nem da mais leve concentração principalmente quando afetado já está o sistema nervoso. Outros há que são portadores de ligeiras alterações mentais pelas atribulações da vida cotidiana, portanto, com energia ainda insuficiente para dominar os reflexos nervosos.

O tratamento espiritual é realizado através de fluidos e estes só atuam quando encontram sintonia vibratória entre médium e doente. Razão por que o tratamento espiritual difere muito dos métodos empregados pelos médicos da ciência oficial. Para estes, há os meios tangíveis os quais estão sempre à mão. Para os médiuns curadores os recursos partem do meio invisível.

O preparo do paciente deve observar as seguintes condições:

1.º) Ambiente familiar (harmonia e paz devem reinar entre os que rodeiam o doente)
2.º) Posição mental do doente (seus pensamentos e estado do sistema nervoso)
3.º) Estado de receptividade orgânica e espiritual
4.º) Condição espiritual (compreensão evangélica da vida em relação aos semelhantes)

O médium curador, como sempre acontece quando esta qualidade se manifesta, fica ansioso à procura de um enfermo para dar expansão aos seus dons mediúnicos, seja através de conversação amistosa onde os conselhos entram com o seu contingente de orientação ou à beira da cama de qualquer enfermo; o espírito curador está sempre pronto a atender. Entretanto, o médium não deve desperdiçar os seus bons fluidos. Primeiro, há que fazer um exame acurado das condições físicas e psíquicas do doente, investigando a causa que perturba o Espírito e determina o desequilíbrio enfermiço.

Na medicina terrena, os doentes procuram o médico, e não o médico procura o doente. Psicologicamente isso tem grande importância para o êxito do tratamento. Pois o doente já traz o espírito preparado, mormente se tem fé no médico. Na medicina espiritual, tanto procuramos os necessitados como assistimos com grande proveito os que nos procuram. Certos devemos estar que os doentes que nos procuram, já estão preparados espiritualmente, o que equivale a meio caminho andado para a cura. E nós, médiuns, não neguemos o nosso concurso a quem quer que seja. Nada acontece sem causa, principalmente para todos nós que militamos na doutrina espírita. O médium curador trabalha em qualquer parte e em todas as horas, seja de dia ou de noite. Em todos os momentos encontra sempre oportunidade de prestar a caridade, não só aos entes humanos e espirituais, como também aos animais inferiores. Até os donos das coisas inanimadas são, indiretamente, beneficiados.

Há muito mérito na prática da caridade, mas em se tratando de um enfermo que, por sua livre e espontânea vontade, procura a medicina espiritual, a sua predisposição já o colocou no estado passivo, facilitando enormemente a penetração dos fluidos curadores.

O médium não deve forçar a medicação e nem a visitação onde a recepção seja contrária aos princípios da doutrina espírita, ainda mesmo que terceiros intervenham insistentemente com pedidos de caridade, salvo se na casa houver alguém suficientemente evangelizado. Neste caso, a intercessão será feita a distância, preparando-se assim o caminho para os descrentes entrarem na lavoura da fé e conseqüentemente na "faixa de auxílio".

AMBIENTE FAMILIAR

Como sabemos, o ambiente familiar é formado pela mentalização dos moradores no local. Dentro de uma residência, ou seja, qualquer lugar onde transite o humano, o teto, o ar respirado, as paredes e os objetos de uso pessoal estão impregnados pelos resíduos de pensamentos que emitem os residentes, os quais podem ser bons ou maus. Às vezes formam massas compactas escuras que seguem os emitentes como sombras que se avolumam sobre suas cabeças, não raro se engrossando pela lei de atração das que lhe são afins. Onde quer que se encontre o homem, com ele estão os produtos dos seus pensamentos, conseqüentemente, bem ou mal assistidos pelas entidades espirituais.

Na hipótese do médium encontrar um ambiente hostil, direta ou indiretamente, a sua tarefa preliminar é pedir o auxílio dos Mentores Espirituais por intercessão ao Divino Mestre. Assim, amparado pelo Excelso Amigo, receberá a inspiração solicitada sobre como desenvolver a sua ação benéfica. Nunca se deve contrariar a primeira intuição recebida, mormente quando ela influencia para protelar por outra oportunidade mais propícia, e a vontade do médium impele para continuar os trabalhos. Muitas vezes são forças poderosas das trevas que estão agindo em sentido contrário ao bem e envolvem o medianeiro nas suas malhas de fluidos pesados.

Estas perturbações de ambientes pelos maus fluidos podem ser desfeitas, limpando e deixando o ambiente completamente sanado. Tudo depende da força mediúnica que entrar em ação. A uma intensa vibração, partindo do íntimo piedoso do coração, no sentido de purificar o ambiente, não há maus fluidos que resistam. Por mais densos que os maus fluidos sejam, eles se desfazem como a fumaça na atmosfera. E quando isso não baste, com um só médium, faça-se mesmo com um grupo de médiuns bem harmonizados. Semeie-se o bem e deixe-se a colheita por conta de nosso Senhor.

POSIÇÃO MENTAL DO DOENTE

A posição mental do doente é aquela onde estão os seus pensamentos, de equilíbrio ou desequilíbrio, pairando o seu estado em: receptivo, repulsivo ou neutro, isto é, indiferente e infenso ao que lhe possa suceder, mais classificado como estado apático. Quando deparamos com o estado mental impenetrável à doutrinação, recorremos ao auxílio dos Guias Espirituais, até que uma porta seja aberta à intervenção direta.

ESTADO DE RECEPTIVIDADE

A receptividade do doente está na sua boa disposição física e espiritual, no meio ambiente em que vive, das pessoas e coisas. Principalmente a orientação religiosa a que está ligada a família. Uma vez constatado que o doente está nas condições exigidas para um bom tratamento e que não há interferências nocivas, deve-se recomendar o seguinte, seja para passe a distância ou presente:

a) recolher-se ao leito, sozinho no quarto;
b) deitar-se de costas, com os braços estendidos ao longo do corpo (fig. 33);
c) relaxar os músculos, os nervos e concentrar-se com os Guias Espirituais;
d) elevar o pensamento a Jesus Cristo e suplicar a Deus Pai a sua assistência, necessária para o tratamento;
e) manter-se nesta posição até à hora designada para terminação dos trabalhos, orando sempre ao Senhor e Mestre.

Este é o estado em que o doente deve ficar quando se achar em casa. Seja deitado, sentado ou em pé; o estado de concentração é o mesmo, para se pôr em condições de receptividade absoluta. Os doentes em desequilíbrio, impossibilitados pela desorganização psíquica, recebem o tratamento através das correntes vibratórias.

ESTADO ESPIRITUAL

O estado espiritual do doente é que merece maior atenção por parte dos médiuns. Pois, é nele que se deve procurar a doença e não no corpo físico, uma vez que conhecemos a influência que o espírito exerce sobre a matéria. "*Espírito são em corpo são.*"

O estado espiritual é a base de todo e qualquer tratamento mediúnico dos enfermos do corpo e do espírito. O primeiro cuidado é a doutrinação evangélica até onde possam penetrar os ensinos do Mestre Jesus, coadjuvados por passes e água fluida, a qual se recomenda na medida mínima de um copo em jejum pela manhã e outro à noite, ao deitar-se, o que concorrerá muito para reajustar as disfunções orgânicas; pois, se há prisão de ventre, será regulada, como também corrigirá as chamadas solturas dos intestinos em qualquer forma. Estes primeiros socorros, espirituais e físicos, preparam a predisposição do doente para um tratamento mais eficiente.

Como se vê, o estudo espiritual depende do conjunto de várias providências, não esquecendo o ambiente familiar, a formação religiosa dos que estão junto ao doente e até os remédios que porventura já esteja tomando, bem como por quem vieram.

A leitura do "Evangelho Segundo o Espiritismo", diariamente, à noite, a meditação sobre os ensinos de Jesus Cristo, são fatores preponderantes no preparo espiritual do doente e de todos os da casa. Mesmo as doenças cármicas encontram na meditação poderoso auxílio para suportar com serenidade as provações e expiações.

Lição Oitava

CONTATO MEDIÚNICO COM O DOENTE

Contato com o paciente presente — Contato com o paciente a distância — Contato espiritual com o doente — Sinais que denunciam o contato estabelecido — Falta de sinais físicos e contato espiritual.

※

※ ※

Contato espiritual com o doente é o processo pelo qual o médium estabelece ligação mental com o enfermo, seja com ele presente ou a distância. Esta ligação é imprescindível para o bom êxito da operação a realizar: sem ela nada de útil poderá ser levado a efeito. Todavia, quando esse contato se torna impossível, ainda que seja por motivos desconhecidos, há o recurso intercessório para os Mentores Espirituais, os quais podem atuar, simplesmente mediante a indicação do nome do paciente; saiba-se ou não o endereço.

Para melhor orientação dos médiuns, classifiquemos o contato em:

a) contato com o paciente presente;
b) contato com o paciente à distância;
c) contato espiritual pelos Mentores;
d) contato espiritual com pessoas desconhecidas.

CONTATO COM O PACIENTE PRESENTE

Este processo para se tomar contato com o doente, estando ambos presentes aos trabalhos, consiste em o médium colocar-se na posição que achar mais cômoda para a liberdade de seus movimentos e mais conveniente para a transmissão do passe, manual ou espiritual, seja de frente, ao lado ou pelas costas.

Quando o doente esteja cansado, a posição mais indicada para tomar contato é a de pé (médium), porque dali parte para o passe escolhido e de acordo com a enfermidade.

Depois de ligeira conversação com os familiares para inteirar-se de pormenores que possam orientar os trabalhos e esclarecer o gênero da doença, dirige-se o médium ao doente, com carinho, procurando conversar, se isso for possível, informando-se do seu estado de saúde com muita sutileza para não ferir susceptibilidade enfermiça e consolando-o com os ensinamentos evangélicos, exemplificados pelo Divino Mestre.

Preparado o ambiente familiar e o ambiente mental do doente, que é uma espécie de ligação mental com todos, tendo o cuidado de afastar os descrentes ou curiosos bem como os animais domésticos que se encontrem próximos, o médium entrará em profunda concentração espiritual. Para êste ato o médium deve portar-se corretamente, de acordo com a educação mediúnica, procedendo calmamente, sem palavrórios inúteis, nem gestos cabalísticos, mímicas, tremores das mãos ou do corpo, assopros ou gemidos impressionáveis. Deve-se emprestar à ação a maior naturalidade possível, demonstrando assim a máxima confiança nos trabalhos a desenvolverem-se.

CONTATO COM O PACIENTE A DISTÂNCIA

No contato à distância, o método a seguir é o da mentalização, estabelecendo-se a ligação como se o doente estivesse presente. Porém, é preciso saber dar direção ao pensamento emitido, em virtude das correntes fluídicas contrárias que podem ser encontradas pelo caminho a percorrer. Há muitos fluidos maus vagando no espaço, como seres vagabundos, sem destino. Assim, devem existir, também, entidades perniciosas que estão sempre a espreita para interceptar a marcha dos trabalhos intercessórios para o bem. Quando isso aconteça e a sensibilidade do médium o perceba a tempo, a calma é o recurso mais adequado, apelando-se para o Eterno Misericordioso, pedindo-lhe auxílio, orando pelos que nos perseguem e pedindo perdão para os malfeitores ignorantes, encarecendo-se, desse modo, a necessidade da prece como elemento de conjugação do nosso esforço com a das entidades espirituais, consagradas ao bem.

CONTATOS ESPIRITUAL COM OS MENTORES

O contato espiritual entre o agente e o paciente à distância junto com o espírito do médium é feito unicamente pelos Espíritos Guias através da mentalização do médium. O método de ligação mental é sempre o mesmo. O serviço a fazer é realizado pelos Espíritos assistentes, e sempre baseado nos pensamentos do intermediário, que é o médium. Quando não há enderêço a seguir, procede-se como se o doente estivesse presente. Os Guias se encarregarão de encontrá-lo.

No tratamento à distância não é preciso mentalizar qualquer gesto do passe. É suficiente pensar no doente, suplicando a Deus o socorro necessário para restabelecer a sua saúde, sem ser preciso a "imposição das mãos", como no passe ordinário, deixando, entretanto, que seja feita a vontade Divina.

CONTATO ESPIRITUAL COM PESSOAS DESCONHECIDAS

Este contato é feito simplesmente pelo nome da pessoa dada, por Espíritos encarregados. O médium, como noutros casos, só realiza a mentalização devida, sempre em prece intercessória.

SINAIS QUE DENUNCIAM O CONTATO ESTABELECIDO

Para estabelecer contato com o doente, muitas vezes bastam apenas poucos minutos de concentração contínua, sendo que outras vezes é mister mais tempo, por causas que possam ser desconhecidas do médium. Entretanto, o bom trabalho depende grandemente do preparo prévio do paciente apenas e ambiente. Acentua-se que o tempo depende muito da simpatia que possa existir entre o médium e o doente.

No começo do tratamento, seja com o paciente presente ou a distância, a ligação leva mesmo mais tempo, até que a sintonia vibratória se torne recíproca. Depois, tudo encontrará facilidade.

Os sinais que denunciam quando o contato está estabelecido, embora muitas vezes não se apresentem, são, em primeiro lugar, a impressão física causada pelos fluidos que começam a envolver o médium por qualquer parte do corpo, como pernas, braços, cabeça, faces, laterais do corpo e ventre. Outras vezes, são sinais materiais, como formigamento pela pele toda, pés, mãos, bem como ondas de calor que afogueiam o rosto e, não raro, a palidez. São também conseqüentes alterações da circulação do sangue devido a influenciação dos espíritos comunicantes. Porém, nenhum mal causa ao médium, quando este está preparado.

O paciente, por sua vez, também sente os sinais de influenciação mediúnica, pelos mesmos sintomas e outras vezes mais, chegando até a contraturas, catalepsias ou estado sonambúlico. Para estes estados, o médium estará por certo habilitado a reconhecer com exatidão e prontamente, a fim de evitar conseqüências desagradáveis. Sabemos de casos que se complicaram por incompetência do médium, sendo necessária a intervenção de terceiros com completa desmoralização para a doutrina espírita. Quando, nestes casos, um simples passe de dispersão era o suficiente para o doente voltar ao estado normal.

Porém, estes sinais não são infalíveis. Vezes há que nenhum sinal se apresenta e nem por isso o contato deixa de ser estabelecido. Nem para o médium nem para o doente. O resultado está na confiança que o médium depositar nos trabalhos, sob a proteção de Deus e dos bons espíritos mensageiros.

Se nenhum sinal aparecer, não se perturbe o médium. Creia em Deus, em Jesus e confie.

POSIÇÕES CORRETAS DO CORPO PARA CONCENTRAÇÕES PSÍQUICAS

POSIÇÃO SENTADA

Repousando o peso do corpo sobre a cadeira, pés ligeiramente separados e mãos sobre os joelhos, mantendo o busto na vertical, sem contração muscular. Os dedos das mãos nunca devem estar unidos.

POSIÇÃO DEITADA

ESTADO DE RECEPTIVIDADE

FIG. 32

FIG. 33
CONCENTRAÇÃO DEITADO — *Posição deitada para receber o passe ou emissão e recepção de fluidos*

O corpo deverá estar deitado, estendido na horizontal, pernas esticadas e braços rentes ao corpo, músculos frouxos, sem a mínima contração.

POSIÇÃO EM PÉ

O corpo deverá ser mantido na posição vertical, braços caídos ao longo do corpo, sem contração, devendo todo o peso do corpo recair sobre as pernas. Deve-se ter cuidado em não segurar u'a mão com a outra cruzando-as na frente ou atrás do corpo.

No geral, os médiuns pouco ligam a estas recomendações sobre as posições em que deva o médium ficar para uma perfeita concentração. Entretanto, buscando os ensinamentos dos estados receptivos, projeção de fluidos, onde entra em ação o movimento das correntes centrífugas e centrípetas, reconhecemos perfeitamente a justeza das recomendações. Dir-se-ia, uma posição tão incômoda para o corpo deitado sem travesseiros? Pois, é, a melhor de todas as posições para concentração, onde o corpo entra em repouso completo. A circulação sanguínea faz o seu giro através do corpo sem o esforço obrigatório de muitas subidas e descidas acidentadas pelos vasos e veias. O corpo na horizontal tem a facilidade de afrouxar os músculos, o que é de grande importância na emissão de fluidos, ou seja, colocar-se no estado irradiante.

FIG. 34

Na concentração em pé ou sentado, não é necessário elevar as vistas para o alto nem baixá-las para o chão. O médium que tome a posição que achar mais conveniente e cômoda para o trabalho.

Lição Nona

IMPOSIÇÃO DAS MÃOS

Histórico da "imposição das mãos" — Colocação das mãos sobre a cabeça do enfermo — Colocação de uma só mão — "Imposição" calmante — "Imposição" irritante — Regras a observar — "Imposição dupla" — "Imposição simples".

*
* *

IMPOSIÇÃO DUPLA SOBRE A CABEÇA

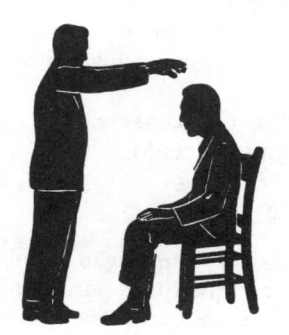

FIG. 35 — *Posição correta. Médium em pé. Paciente sentado*

Chama-se "Imposição das mãos" o ato do médium passista colocar ambas as mãos espalmadas sobre a cabeça ou qualquer parte do corpo do paciente, seja humano, animal doméstico ou coisas. Esta prática de socorrer o próximo em sofrimento é um dos mais velhos métodos conhecidos pela humanidade. Exercida desde os primeiros tempos pelos magos da Caldéia, sabe-se através da história, propagou-se pelas margens do Eufrates até o Egito e a Índia. Depois dos sacerdotes de Ísis, os Judeus foram seus depositários e os cristãos a herdaram mais tarde, passando a sua prática a ser difundida pelas mãos Divinas de nosso Senhor Jesus Cristo, quando fazia curas na sua peregrinação evangélica pela Palestina.

Sufocada pelos perseguidores do Mestre, renasceu depois com os propagadores do passe magnético animalizado com Paracelso até Mesmer, tendo este feito vários discípulos, pelo que mais tarde o magnetismo surgiu fazendo escola médica.

No espiritismo, a "imposição das mãos" sobre o doente, denomina-se "passe" magnético ou mediúnico. Porém, um diferencia-se muito do outro na prática, porquanto o passe espírita se reveste de uma formalidade de preparação toda especial, onde se observa o preparo prévio do médium, do doente e do ambiente em que vai ser realizada a operação.

Para o passe puramente magnético, as forças invisíveis não são solicitadas, porquanto são usadas as do operador simplesmente e as do doente, quando em estado de receptividade.

Entretanto, todos os passes se destinam ao mesmo fim, que é aliviar ou curar o doente.

IMPOSIÇÃO DUPLA

Para se proceder à "imposição dupla" das mãos sobre a cabeça, fig. 35, (ou qualquer parte do corpo) do doente, o médium coloca-se na posição mais conveniente: estende os braços para frente na direção do ponto escolhido do enfermo, mãos bem espalmadas, dedos ligeiramente separados um dos outros (observar as mãos da fig. 32), músculos tensos sem a mais leve contração, respiração ritmada sem sofreguidão, sem fazer ruídos com os membros ou tronco e mesmo mímicas de qualquer espécie.

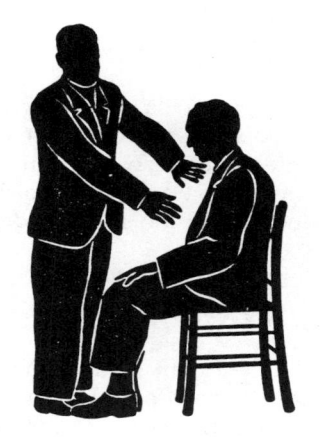

FIG. 36 — *Sobre o Plexo Solar, observando-se bem a posição dos dedos que não estão unidos*

IMPOSIÇÃO SIMPLES

A "imposição" com uma só mão, chama-se "imposição simples" (podendo ser feita com a mão espalmada ou com as pontas dos dedos) (vide fig. 37) e serve para descansar os braços quando estes estejam fatigados com os movimentos continuados ou para aplicação do passe de "mãos combi-

FIG. 37 — *Sobre o Plexo Solar*

nadas" (vide fig. 39). Também quando não há necessidade de grande aplicação de fluidos intensos. Na prática espírita a "imposição" é feita mais comumente por cima da roupa ou das cobertas do leito, a distância relativa, eliminando-se as dobras nas roupas a fim de não prejudicar a interpenetração dos fluidos, embora para os fluidos não haja resistência à penetração dos corpos. E não havendo vexame do doente, a mão poderá tocar a parte afetada.

"IMPOSIÇÃO" CALMANTE

A "imposição" calmante em geral é feita levemente sobre o local doente, principalmente sobre a cabeça (fig. 49). Atuando sobre as correntes nervosas descarrega os fuidos pesados, facilitando, assim, a circulação do sangue. O mesmo acontece com os passes das Grandes Correntes (fig. 45).

"IMPOSIÇÃO" IRRITANTE

Quando o médium atua demoradamente pela "imposição" (simples ou dupla) na cabeça, acumula grande carga de fluidos, acarretando ação irritante sobre o sistema nervoso que enerva o crânio, e pode ocasionar sérios embaraços magnéticos. Pode-se dar contraturas dos músculos e nervos, parciais ou totais, principalmente quando se faz atuação muito prolongada sobre o cérebro. Quando isto se der, já o dissemos, os passes dispersivos são os indicados (fig. 56). O mal-estar cessa prontamente. E, se continuar ainda, afaste-se o médium do doente, para uma distância regular. Desligando o médium da corrente envolvente, rompe-se o contato e cessa incontinenti a ação recíproca dos fluidos.

REGRAS A OBSERVAR

Na "imposição das mãos" dirige-se à vontade a ação fluídica sobre a parte doente do corpo, distanciando sempre as mãos do local enfermo, isto é, não tocando a roupa do doente. Salvo condições já especificadas.

Na "imposição" feita sobre a cabeça, que é justamente a mais usada nos passes espíritas, não é necessário passear com as mãos (fora da corrente) sobre o corpo todo. Basta mantê-las suspensas sobre a cabeça, o tempo relativo para a manifestação dos fluidos e depois dar-lhes direção. Porém, ao iniciar o passe, partindo da "imposição" pode repeti-la (a imposição) quantas vezes desejar nas diferentes partes do corpo durante o trajeto do passe. Chama-se isto passe com paradas demoradas (vide fig. 56).

Lição Décima

PASSES

Divisão dos Passes — Passes magnéticos, passes mediúnicos e passes espirituais — Técnica dos passes — Porque não se pode cruzar as pernas e braços na recepção do passe ou na concentração — Passes longitudinais, rotatórios e de dispersão de fluidos — Os passes de sopro e sua técnica.

*
* *

O passe é uma transfusão de fluidos do médium curador ou passista para o doente, ação essa que pode ser exercida

PASSES RECONFORTANTES

Fig. 38 — *Imposição dupla. Médium em pé — Paciente deitado*

também com fluidos dos Espíritos e da própria Natureza ou meio ambiente.

O passe transmitido pelo médium, fornecendo somente os seus próprios fluidos, a sua própria força irradiante, chama-se "passe magnético" — porque é feito do corpo do médium diretamente para o corpo do enfermo, sem que os fluidos sofram interferência ou modificação.

O passe dado pelos espíritos, o que está fora do alcance de nossa vista material, a uma só pessoa ou a muitas ao mesmo tempo, chama-se "passe espiritual", o qual pode ser manipulado pelos espíritos passistas com elementos do médium (ainda que este esteja a distância), dos seus próprios fluidos ou de seus auxiliares e também de plantas medicinais.

O passe transmitido por incorporação do médium, chama-se "passe mediúnico". É este o maior escolho dos médiuns devido à infiltração de mistificações tanto do médium imprevidente como dos espíritos ignorantes ou malfazejos. Todo o cuidado é pouco com este passe.

QUADRO DEMONSTRATIVO DA DIVISÃO DO PASSE

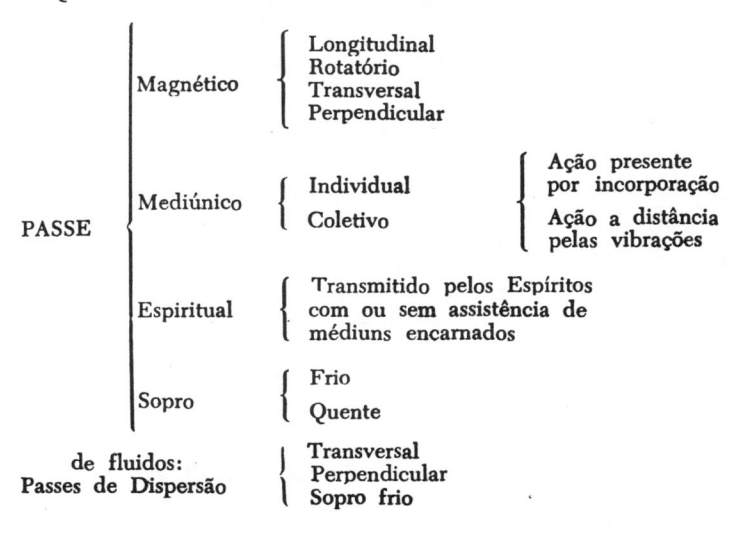

PASSE			
	Magnético	Longitudinal Rotatório Transversal Perpendicular	
	Mediúnico	Individual	Ação presente por incorporação
		Coletivo	Ação a distância pelas vibrações
	Espiritual	Transmitido pelos Espíritos com ou sem assistência de médiuns encarnados	
	Sopro	Frio Quente	
de fluidos: Passes de Dispersão		Transversal Perpendicular Sopro frio	

PASSES DE MÃOS COMBINADAS

O passe de mãos combinadas consiste em fazer a "imposição" com uma e dar o passe com a outra. Ainda pode combinar as "imposições" pondo uma das mãos numa parte

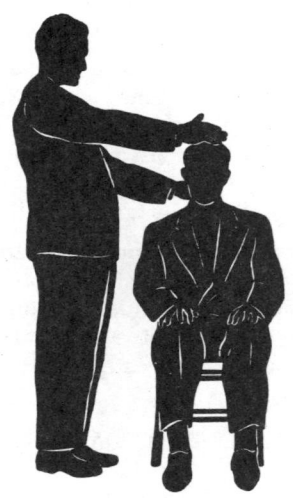

Fig. 39 — *Concentração de fluidos*

do corpo e a outra em outra parte. Por exemplo: A mão esquerda sobre a testa e a mão direita sobre a nuca (bulbo raquidiano) que serve para grande concentração de fluidos e, depois, fazer a dispersão indispensável (como vê-se na gravura 39).

Como está demonstrado no quadro ao lado, há quatro categorias de passes: magnético, mediúnico, espiritual e sopro, que também é uma modalidade do passe.

CLASSIFICAÇÃO DO PASSE

O passe classifica-se em: LONGITUDINAL, ROTATÓRIO, TRANSVERSAL, PERPENDICULAR E DE SOPRO.

PASSES LONGITUDINAIS (*ou de extensão*) fig. 55).

As mãos, partindo da respectiva "imposição", descem lentamente, ao longo do corpo, até a parte terminal escolhida.

PASSES ROTATÓRIOS (fig. 40)

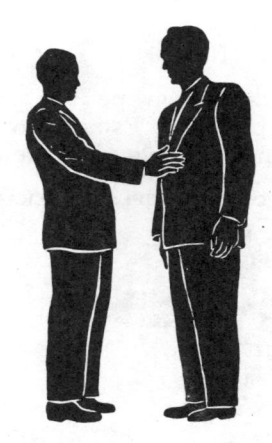

Fig. 40 — *Imposição simples com a mão direita sôbre o plexo solar*

PASSES TRANSVERSAIS (*de frente*)

Estender os braços para frente, mãos espalmadas, as pontas dos dedos apontando para o tórax do paciente, contrair os polegares para baixo e, em rápidos movimentos, abrir e fechar os braços, voltando sempre à "imposição". (Observe-se a fig. 55.)

PASSES PERPENDICULARES (fig. 56)

Partindo da "imposição" feita sobre a cabeça, descer as mãos, uma pela frente e a outra por trás do corpo até aos pés, em passes longitudinais.

PASSE DE SOPRO

Este passe se divide em: SOPRO QUENTE e SOPRO FRIO. Adiante daremos explicações detalhadas.

TÉCNICA DOS PASSES
Pela "Imposição Simples"

SOBRE A CABEÇA (fig. 49)

Posição do médium: em pé ou sentado, pela frente, atrás ou de lado do paciente. Estender o braço para a frente até que a mão espalmada se coloque sobre a cabeça do doente,

IMPOSIÇÃO DUPLA LATERAL

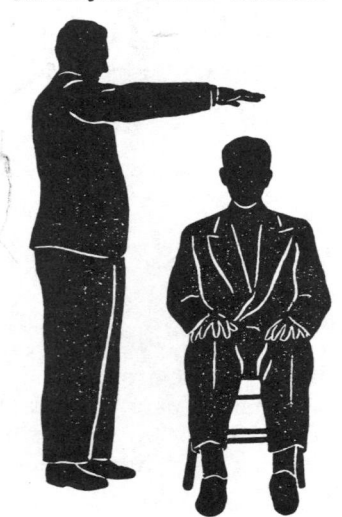

Fig. 41 — *Médium ao lado*

numa altura relativa, mantendo os músculos e nervos calmos, tendo o cuidado de separar os dedos uns dos outros. Nunca devem estar unidos.

SOBRE O EPIGÁSTRIO

Nesta parte, por ser muito importante devido ficar sôbre o PLEXO SOLAR, a "imposição" pode ser feita com a

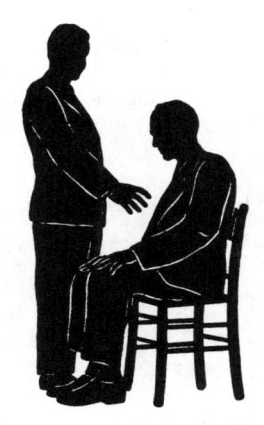

Fig. 42 — *Projeção de fluidos com as pontas dos dedos*

palma da mão sobre o local ou também com as pontas dos dedos, como se vê na gravura ao lado, Fig. 42.

SOBRE O VENTRE

Fig. 43 — *Em ação profunda*

A mão deve pousar sobre a parte escolhida do ventre, sem entretanto lhe tocar.

SOBRE O DORSO

Colocar a mão nas costas entre os dois homoplatas, espalmada ou com as pontas dos dedos.

SOBRE A NUCA (*bulbo raquidiano*) (fig. 45.)

O médium se coloca atrás do paciente e pousa a mão distanciada sobre o pescoço.

PELA "IMPOSIÇÃO DUPLA"

SOBRE A CABEÇA

Esta "imposição" é feita com as duas mãos.

Requer muita atenção do médium, quando estender os braços para a frente; estes devem ficar com toda naturali-

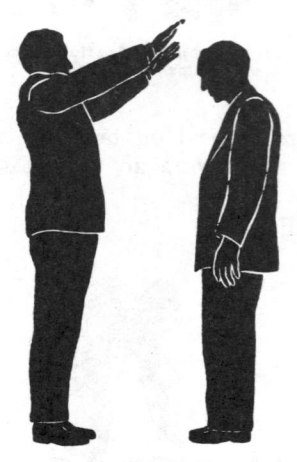

FIG. 44 — *Esta imposição, para não causar irritação não deve ser prolongada*

dade na posição horizontal, sem contração muscular e sem também relaxá-los demasiadamente. Os dedos conservar-se-ão separados levemente sem se tocarem (fig. 44).

SOBRE OS OLHOS

Coloca-se a palma das mãos sobre os olhos ficando cada uma sobre a respectiva cavidade orbitária.

SOBRE OS OMBROS

Manter as mãos sobre os ombros sendo uma de cada lado, influenciando o plexo braquial (fig. 46).

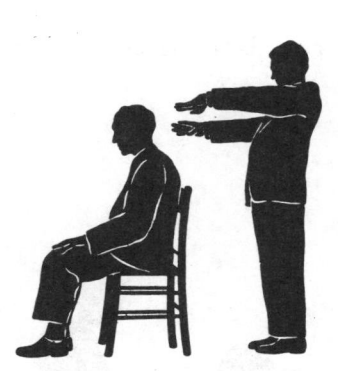

Fig. 45 — Imposição com as pontas dos dedos sobre o Plexo Cervical

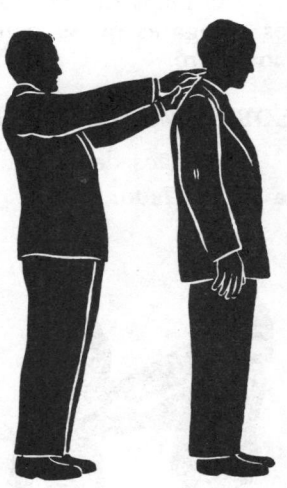

Fig. 46 — Imposição sobre o Plexo braquial

SÔBRE OS BRAÇOS

A "imposição" pode ser feita com a palma das mãos ou com as pontas dos dedos, no braço, no antebraço ou sobre as mãos.

SOBRE O VENTRE

Pousar as mãos sobre a região central mediana do corpo (umbigo) sem todavia tocá-la, se isso não for permitido, demorando-se na "imposição" (fig. 43).

SOBRE OS JOELHOS

Esta "imposição", para melhor efeito, deve observar a "imposição combinada", isto é, com a direção sobre a rótula e a esquerda por trás, na concavidade da articulação do joelho.

SOBRE OS RINS

As mãos devem ficar espalmadas sobre cada rim, tendo os polegares quase ponta com ponta, sem todavia um tocar no outro.

SOBRE OS TORNOZELOS

As mãos devem ficar uma de cada lado, de acordo com a fig. ao lado.

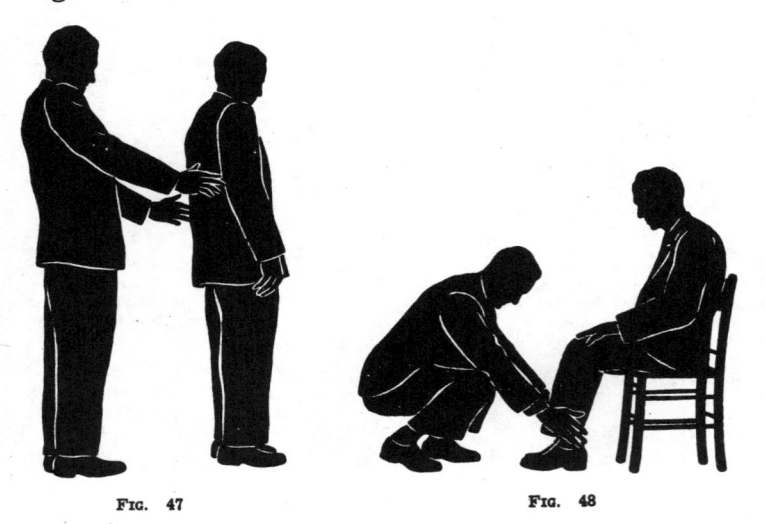

Fig. 47

Fig. 48

OBSERVAÇÃO

Para as "imposições" nos membros inferiores não há acúmulos de fluidos, pois as correntes são dispersadas ao longo das pernas.

PASSES MAGNÉTICOS LONGITUDINAIS
(ou de extensão)

SOBRE A CABEÇA

Partindo da "imposição dupla" sobre a cabeça, depois de sentir a manifestação dos fluidos, descer as mãos suavemente, em movimento nem muito lento, nem muito apres-

FIG. 49 — *Imposição dupla sobre o occipital*

sado, até ao ponto terminal do passe. O passe é feito em cinco tempos distintos:

1.º) "Imposição" sobre a cabeça (fig. 49).
2.º) Descer as mãos até onde vai o passe (fig. 55).
3.º) Fechar as mãos e uni-las ao corpo (fig. 50).
4.º) Afastar as mãos do corpo e abri-las (fig. 53).
5.º) Voltar as mãos com rapidez à "imposição" inicial (fig. 49).

OBSERVAÇÃO: As mãos arrastam os fluidos pelas correntes e, para que eles não retornem ao corpo doente, elas se fecham para depois abrirem-se afastadas do corpo do médium, dando dispersão aos maus fluidos para os lados.

Assim as mãos voltam límpidas para reiniciar o passe. Esta técnica deve ser rigorosamente observada para todos os passes porque é constituída por dados cientificamente estudados pelos professores europeus que se dedicaram ao magnetismo curador.

SOBRE OS BRAÇOS (ou um só braço)

Observa-se a mesma técnica, partindo da "imposição dupla ou simples", sobre a cabeça ou ombros. Poderá descer até a ponta dos dedos ou fazer parado nas articulações. Quando o médium estiver bem afinado com os Guias Espirituais, por certo receberá a necessária intuição como melhor proceder.

O médium atrás do doente, faz a "imposição" na cabeça ou nos ombros. As mãos descem lentamente até ao ponto onde deva ir o passe.

SOBRE AS COSTAS (fig. 46)

O médium atrás do doente, faz a "imposição" na cabeça ou nos ombros. As mãos descem lentamente até o ponto onde deva ir o passe.

SOBRE OS RINS (fig. 47)

Feita a "imposição" correta, como já foi descrita, as mãos descerão até o plexo sagrado.

SOBRE OS JOELHOS

Feita a "imposição combinada" as mãos descerão até aos pés.

PASSE MEDIÚNICO

Este passe é realizado pelo médium incorporado por Espírito passista, quando o medianeiro é de incorporação, sendo o verdadeiro passe espírita. Neste passe quem dirige todo o trabalho é o Espírito incorporado. O médium apenas fornece o instrumento, que é o seu corpo total ou parcial. Os fluidos fornecidos são de ambos, podendo-se ajuntar ainda os dos meio ambiente e da flora medicinal. Como dissemos, é, portanto, o verdadeiro passe espírita. Observe-se a diferença com o "passe magnético". Para este são só os fluidos do médium que entram em ação. Para aquêle podem concorrer os de outras espécies.

PASSE ESPIRITUAL

O passe espiritual não é visível aos nossos olhos, porque é feito exclusivamente pelos Espíritos passistas missionários do bem, muito comumente, nas sessões espíritas.

Pode ser o passe suplicado pelo médium ou pessoa interessada, aos Espíritos do Bem, os quais atuarão nos presentes como nos ausentes ou à distância.

PASSES ROTATÓRIOS (*movimentos concêntricos*)

No passe rotatório, partindo da "imposição simples", sobre o local indicado, a mão começa a fazer movimentos concêntricos no mesmo lugar durante alguns minutos. Também pode ser feito com as pontas dos dedos reunidos, o que tem ação mais profunda no organismo. Havendo precisão, poderá fazê-lo em combinação das mãos, estando uma (a esquerda, por exemplo) na cabeça do doente fazendo "imposição simples" e outra (a direita) aplicando o passe rotatório (fig. 42).

OS CINCO TEMPOS DO PASSE

1.º TEMPO

2.º TEMPO

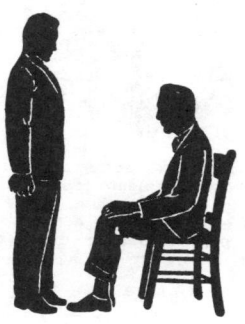

Concentração
FIG. 50 — *Posição para*

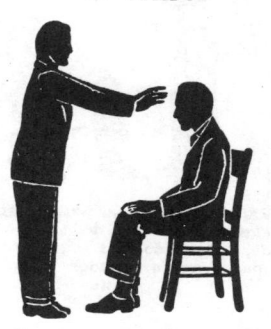

FIG. 51 — *Descer as mãos lentamente ao longo do corpo do paciente até onde deva ir o passe*

3.º TEMPO

FIG. 52 — Terminado o passe, deve-se cerrar os punhos e afastar os braços do corpo

4.º TEMPO

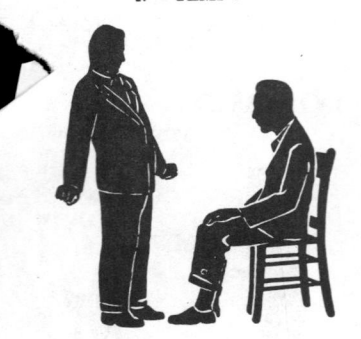

FIG 53 — Abrir as mãos, estando elas distanciadas do corpo, para dar dispersão aos maus fluidos que foram arrastados pela corrente

5.º TEMPO

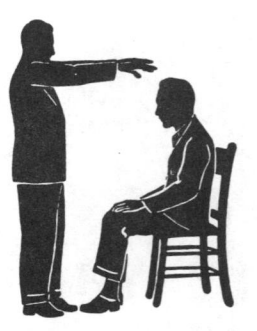

FIG. 54 — Voltar as mãos em movimento rápido, ao ponto de partida, que é, o de imposição das mãos para recomeçar o passe

GRANDES CORRENTES *(da cabeça aos pés)*

Passes de Grandes Correntes, assim são chamados os que se aplicam da cabeça aos pés sem interrupção, por "impo-

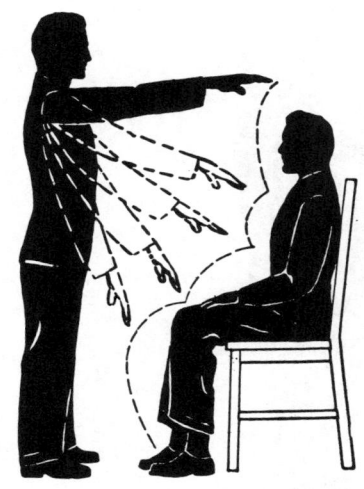

FIG. 55 — *Imposição Dupla para passe com paradas ou descidas até aos pés*

sição simples ou dupla", podendo fazer ou não, parada no trajeto. Este passe deve ser aplicado não muito lento, para não haver acúmulo de fluidos (fig. 55).

PASSE TRANSVERSAL

O passe transversal, depois do Rotatório é o mais aplicado para dispersão de fluidos acumulados. A sua técnica é a seguinte:

1.º) Extensão dos braços para o paciente até lhe alcançar o tórax, na "imposição dupla".
2.º) Contração dos polegares para baixo como se quisesse ocultá-los sob as mãos.
3.º) Abertura dos braços até deixá-los em linha reta com o corpo (em cruz).
4.º) Voltar à posição primitiva num movimento vivo e rápido e, assim, repetir várias vezes.

PASSE PERPENDICULAR (fig. 56)

É outro passe que está na ordem dos passes de dispersão. A sua técnica é a seguinte:

Fig 56 — *Médium ao lado para envolvimento magnético de dispersão*

1.º) O médium coloca-se ao lado do doente estando este na posição de pé ou sentado.
2.º) Fazer "imposição dupla" sobre os lados da cabeça (fig. 56).
3.º) Descer lentamente as mãos, simultaneamente, uma de cada lado do corpo, começando pelos braços em primeiro lugar, até os pés.
4.º) Pode ser repetido mais de uma vez.

PORQUE NÃO SE DEVE TOCAR COM AS MÃOS NO PACIENTE

Os tratadistas sobre as operações magnéticas não aconselham tocar o corpo do paciente com as mãos, para evitar abusos e possíveis vexames que firam a susceptibilidade moral do enfermo. Porém, não deixam de mencionar que a ação calorífica das mãos, juntada com as magnéticas, exerce maior influência benéfica. Nós, espíritas, devemos seguir a mesma orientação e com muito mais razões em virtude de muitos praticarem o espiritismo na mais completa ignorância dos seus ensinos. Salvo quando estamos diante de amigos, conhecidos sinceros ou de pessoas familiares; quando a confiança nos confere liberdade de ação. Mas, os médiuns que desejam manter a sua moral a coberto de qualquer aleivosidade, em hipótese alguma devem tocar as mãos no doente para transmissão do passe, ainda que para isso sejam instados. Mesmo porque os fluidos manejados a distância, bem aplicados, têm maior força de penetração.

PORQUE NÃO SE DEVE CRUZAR AS PERNAS E BRAÇOS NA CONCENTRAÇÃO

Eis aqui outro ponto passível de controvérsia entre os espíritas. Porém, não há razão. Quem estuda as correntes fluídicas e suas direções sabe perfeitamente que, cruzando as correntes, há interrupção da marcha. Portanto, quando entra-se em concentração espiritual, principalmente para a prece ou para colocar-se em "estado receptivo", é recomendado nunca cruzarem-se as pernas nem os braços, para que as correntes centrífugas e centrípetas tenham livre curso na trajetória das suas direções. (Vide fig. 18.)

Quando as pernas se cruzam, os braços ou as mãos, isto é, quando os membros se tocam, as correntes sofrem desequilíbrio pela ação eletromagnética negativa sobre a positiva dos fluidos, anulando os efeitos benéficos pela polaridade descontrolada das correntes. A posição correta, sempre recomendada é, quando sentado, o paciente ou médium terem as mãos sobre os joelhos, sem se tocarem.

PASSES DE BAIXO PARA CIMA

É outra incoerência dos passistas, atestando sua ignorância no manejo dos fluidos. Seria o mesmo que passar as mãos de baixo para cima na correnteza da água. As ondas produzidas pela pressão das mãos contrariando as correntes, formam emaranhado e depois retornam ao curso normal. Nada feito, portanto.

Para muitos, parecerá exigência descabida estes ensinamentos. Porém, os bem intencionados verão que o nosso intuito é tão-somente orientar pelo espírito da Verdade.

Em espiritismo, o tratamento do enfermo material ou espiritual pode ser feito tanto na presença ou a distância.

Outras vezes, o doente não apresenta apenas leves alterações do sistema nervoso, mas profundas lesões em órgãos vitais. Para estes, o tratamento não será apenas de ligeiros passes; requer primeiro minucioso exame do corpo e do espírito. Sendo isso impossível ao médium curador, os Guias Espirituais, por certo, se incumbirão, silenciosamente, do necessário tratamento adequado.

Dar passe não é privilégio de ninguém, basta que a criatura tenha essa vontade, aliada, porém, ao desejo de fazer o bem, qualidades estas que só possuem os médiuns curadores, e depois aplicá-las para mitigar a aflição do próximo atormentado; o complemento os bondosos Guias farão. Todavia, os médiuns preparados têm muito mais merecimento perante os Espíritos Mentores.

PASSE A DISTÂNCIA

O passe à distância é transmitido pelo pensamento e vibração, através da súplica ao Eterno Doador de Bênçãos, exclusivamente, feita pela mentalização do médium ou do enfermo, por si ou por outrem ou ainda simplesmente pelo seu nome onde estiver. Não se mentaliza nenhum movimento com os braços como no passe comum. Entretanto, quando são observadas as condições de preparo do paciente e do respectivo médium encarregado do trabalho, mesmo à distância, os efeitos são muito mais satisfatórios.

No passe à distância, o maior trabalho compete aos Guias Especializados. O médium ou os médiuns, apenas concentram-se firmemente na mentalização do paciente, a fim de que os seus fluidos possam servir de medicamento nas mãos dos Espíritos Curadores. Com este processo até mesmo a cirurgia tem sido praticada. Porém, nada é feito sem merecimento, tanto da parte mediúnica como do paciente. Pois sabemos perfeitamente que "cada um receberá segundo as suas obras".

Comprovando o passe a distância, temos muitas vêzes os médiuns de desdobramento que acompanham os Espíritos Mentores no trajeto a percorrer, passando por vales, montes e cidades, muitas das quais podem ser depois identificadas e, às vezes, até o trajeto executado, demonstrando estradas ou ruas, dando as características das casas e adjacências, lugares completamente desconhecidos dos médiuns. Essas descrições fiéis de locais e pessoas nunca vistas pelo médium e seguida por outra pessoa conhecedora do ambiente, atestam a veracidade dos serviços levados a efeito. Seja pela vidência psíquica, seja pela mentalização ou por desdobramento, o que é real e não resta dúvida, é que o trabalho será sempre realizado.

SOPRO CURADOR

O sopro curador é uma modalidade do passe não muito divulgada entre os espíritas. Entretanto ele é muito empregado pelo magnetismo na prática vulgar, por quase todos os que necessitam de socorrer os doentes em angústia.

Para os passistas, o sopro pode ser:

QUENTE — quando empregado contra queimaduras, inflamações locais, dores, etc. (fig. 57).

FRIO — para ação dispersiva, nos acúmulos de fluidos, principalmente nos estados congestivos, depressão nervosa, vertigens e colapso cardíaco (fig. 58).

O passe pelo sopro quente é transmitido pela boca; assopra-se com ar aquecido do estômago sobre o local ou sobre toda a pessoa doente, como no gesto de quem deseja aquecer as mãos quando atacadas pelo frio.

O passe pelo sopro frio consiste no assoprar-se com o ar vindo dos pulmões; é gesto natural do homem e é de ação dispersadora dos fluidos maus.

Os tratadistas europeus se referem com muito entusiasmo às curas realizadas por intermédio do sopro quente ou frio. Na medicina há casos de reanimação do doente com perda completa dos sentidos, pela intensidade do sopro frio.

No espiritismo temos muitos exemplos de afastamento, ou desligamento, de espíritos obsessores sobre os obsidiados pelo sopro frio, distanciado do enfermo.

Embora as virtudes do sopro curativo sejam ainda muito discutidas por uns e elogiadas por outros, nós espíritas, não aconselhamos a sua prática, pela mesma razão de condenarmos o uso de tocar os doentes com as mãos. O sopro ainda tem o perigo de contágio de moléstias de que possa ser portador o próprio médium.

Para melhor compreensão, vamos especificar em quadro demonstrativo abaixo:

DIVISÃO DO SOPRO

·QUENTE
- Estimulante
- Cicatrizante
- Descongestionante

FRIO
- Calmante
- Revigorador
- Dispersador de Fluidos
- Curativo

SOPRO QUENTE

O sopro quente é uma modalidade do passe magnético, muito empregado por tóda a humanidade no sentido de aliviar uma dor ou um sofrimento qualquer até a uma súbita asfixia. Embora seja desconhecida ainda a atuação dos seus princípios restauradores da saúde, não se ignore, entretanto sua ação benéfica.

FIG. 57 — *Técnica de assoprar quente, com a bôca semi-aberta, em forma de assobiar grosso*

O sopro quente sai da boca do médium saturado de fluidos curadores, umedecidos por vapores aquecidos pelas mucosas gástricas e pelos pulmões. A reparação dos tecidos lesados, já está provada pela ciência oficial com base nos estudos da eletricidade polarizada, não obstante sejam desconhecidos os seus princípios ativos.

O cientista J. Ochorowicz relata, para comprovar a transmissão das forças fluídicas de um corpo para outro, o fato de um magnetizador ter tomado dois copos de vinho e logo em seguida passar a magnetizar, tendo por resultado imediato o doente apresentar sintomas visíveis de embriaguez, sem, entretanto, ter tomado uma gota sequer de qualquer bebida alcoólica.

Esta citação vem confirmar o que já afirmamos, de que cada um dá o que tem, referindo-nos aos médiuns passistas. Prova cabal de que o médium com saúde alterada não deve dar passes, pois, em vez de levar curas ao doente, levará, pelo contágio, mais enfermidades ao pobre, já de si tão atormentado pelos sofrimentos.

O método para aplicar o sopro quente consiste em aproximar a boca da parte enferma, a regular distância, e assoprar quente, também já citado como se fosse para aquecer as mãos do frio, tendo o cuidado de, quando se tratar de doença contagiosa, ou repugnante, recobrir o local com um pano de flanela fina de cor branca. (Muito impróprio para certas localizações.)

SOPRO FRIO

O sopro frio, assoprado com força, porém com folego bastante longo, envolve todo o doente ou somente a parte afetada, e a sua ação é poderosamente dispersiva. Em certos

FIG. 58
Técnica de sopro frio

casos, é muito útil para separação do obsessor do obsidiado. Nisto a nossa experiência tem comprovado em muitos casos, quase que instantaneamente. Este trabalho demanda conhecimento profundo no manejo dos fluidos, moral muito elevada e assistência espiritual, enobrecida nos exemplos evangélicos.

Para aplicação do sopro fio, observa-se a seguinte regra: o médium coloca-se na posição mais conveniente para o trabalho e, depois de inspiração profunda, assopra sobre o doente, com força, como se fosse para apagar uma vela a distância. Repete a mesma operação por 5 ou 6 vezes em cada sessão. Recomenda-se muito cuidado nessa operação. Pois, em primeiro lugar, a boa saúde do médium deve estar em bom equilíbrio orgânico. O estado de sanidade dos pulmões e do coração é condição essencial. O abuso pode determinar no médium alteração na corrente circulatória de suma gravidade. Embora as virtudes curativas dos passes pelo sopro sejam muito proclamadas pelos seus propagadores, nós os espíritas praticantes não aconselhamos o seu uso corrente, já o dissemos. Oferece muitos inconvenientes tanto para o médium, para o paciente como para a doutrina. Salvo para os que estão seguros do ato que praticam. Por exemplo: se um obsidiado não se liberta na hora de seu obsessor, o médium estará desmoralizado, sabido como é que muitos efeitos se processam muito tempo depois. Mas os ignorantes e impacientes querem o milagre, e este, sabe Deus quem o poderá fazer.

Como elemento básico no preparo técnico do sopro, há de considerar que um hálito que aflua pela boca impregnado de fluidos viciados pelo álcool, fumo, vapores de condimentação fortes e molhos apimentados ou pelas eructações ácidas do estômago, não se presta para fins terapêuticos do sopro.

Se o que entra pela boca, sem o necessário cuidado de seleção contamina o sopro, que diremos então da boca que não se resguarda das palavras que criam nuvens escuras em torno da sua aura e as irradia para o próximo? A boca que está cheia de lodo e imundícies, como poderá emitir fluidos limpos e sãos para curar os enfermos?

Todo e qualquer servidor do bem deverá compreender que não estando em condições salutares física e moralmente, não poderá de forma alguma encetar os serviços de assistência aos necessitados, seja aos espíritos ou aos encarnados, sob pena de infligir as leis naturais vibratórias, e, conseqüentemente, passível de punição, embora seja esta imediata ou mediata.

A medicina de sopro é muito extensa e no segundo volume da série "Medicina Espiritual", a ser editado futuramente por nós mesmos, será tratado com mais detalhes e explicações elucidativas.

A soproterapia é de grande eficácia no tratamento de diversas doenças ou enfermidades que afetam o corpo carnal e o perispírito. Razão porque podemos afirmar que o sopro, no capítulo dos passes, já possui uma terapêutica-fluídica especializada, com referência à medicina espiritual. Porém, como para bem fazer é preciso aprender, para exercer a soproterapia é preciso escola, a fim de que se façam técnicos e não apenas curiosos. Escolas que façam aprimoramento do intelecto e do moral elevado.

Neste capítulo do sopro não podemos deixar de citar o já nosso espírito orientador, André Luiz em "Os Mensageiros", página 105, por Francisco Cândido Xavier:

"Como o passe, que pode ser movimentado pelo maior número de pessoas, com benefícios apreciáveis, também o sopro curativo poderia ser utilizado pela maioria das criaturas, com vantagens prodigiosas. Entretanto, precisamos acrescentar que, em qualquer tempo e situação, o esforço individual é imprescindível. Tôda realização nobre requer apoio sério. O bem divino, para manfestar-se em ação, exige a boa vontade humana. Nossos técnicos do assunto não se formaram de pronto. Exercitaram-se longamente, adquiriram experiência a preço alto. Em tudo há uma ciência de começar. São servidores respeitáveis pelas realizações que atingiram remunerações de vulto e gozam de enorme acatamento, mas, para isso, precisam conservar a *pureza da boca* e a *santidade das intenções*.

— Nos círculos carnais, para que o sopro se afirme suficientemente, é imprescindível que o homem tenha ESTÔMAGO SADIO, a BOCA HABITUADA a FALAR BEM com abstenção do mal e MENTE RETA, interessada em auxiliar. Obedecendo a esses requisitos, teremos o sopro calmante e revigorador, estimulante e curativo. Através dele, poder-se-á transmitir, também na Crosta, a saúde, o conforto e a vida."

N. — O grifo é nosso.

Lição Décima Primeira

FLUIDIFICAÇÃO DA ÁGUA

Processo para fluidificação da água — Sua utilidade no tratamento das doenças — Fluidificações da água pelos Espíritos.

* *

ÁGUA FLUIDA

A água, pela sua própria natureza, já é um fluido condensado. Porém, em espiritismo, entende-se por água fluida

Magnetização da água no copo

Fig. 59 — *Passe de projeção fluídica para fluidificação da água*

Fig. 60 — *Imposição combinada para o passe lateral no copo*

aquela em que os fluidos medicamentosos foram imergidos, por ação magnética do médium ou por intermédio dos Espíritos Benfazejos.

Os processos para fluidificação da água consistem nos seguintes:

1.º) Pela própria pessoa
2.º) Pelo médium
3.º) Pelos Espíritos do Bem

No primeiro caso, coloca-se a vasilha com água à frente de si (como copo, garrafa ou outro vaso qualquer), com a bóca destampada, embora isso não impeça a penetração dos fluidos, e, em prece, suplica-se o que se deseja que seja feito na água. Caso para isso não haja habilitação do suplicante, deixa-se a água exposta ao sereno da noite. No dia seguinte estará fluidificada pelos Espíritos do Bem.

PASSES PARA A FLUIDIFICAÇÃO DA ÁGUA EM GARRAFA

Fig. 61 — 1.º tempo do passe. Imposição dupla nas faces laterais da garrafa

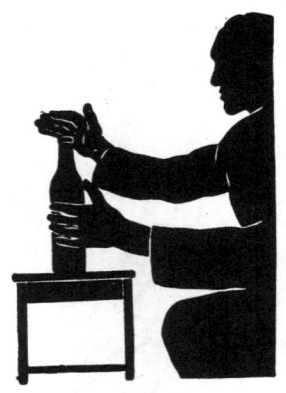

Fig. 62 — 2.º tempo do passe. "Mãos combinadas": uma faz passe nas faces laterais da garrafa

Quando age o médium, toma este a vasilha com uma das mãos, abrangendo com os dedos, ligeiramente separados, as faces laterais da mesma, e, com a outra mão, faz a devida "imposição técnica". Percebendo que os fluidos se fizeram sentir, inicia passes laterais até cinco ou mais vezes (fig. 62).

A fluidificação da água pelos Espíritos pode processar-se na presença do médium ou a distância. No primeiro caso não dispensa a concentração do médium. No segundo faz-se a exposição da vasilha ao sereno da noite, como foi dito.

FLUIDIFICAÇÃO DA ÁGUA EM VASOS

FIG. 63 — 1.º tempo: "Imposição dupla" sôbre as faces laterais do vaso

FIG. 64 — 2.º tempo: passe de mãos combinadas sôbre o vaso

Quando houver necessidade de certa quantidade de água fluida, apenas um copo que esteja fluido poderá servir para fluidificar uma talha ou mais, misturando-se os líquidos. Uma colher basta para um copo ou este chega para uma talha.

FLUIDIFICAÇÃO DA ÁGUA PARA BANHO

Sabemos que todos os corpos podem ser fluidificados para serem úteis à humanidade sofredora. Quando o tratamento é inteiramente feito pelas forças magnéticas, podem ser magnetizadas as roupas de uso e demais objetos, os alimentos e até o próprio ar que o doente respira.

A água para banho oferece grande alívio aos enfermos cansados ou fatigados, tanto pelo trabalho ou pela doença, quando fluidificada. O processo consiste em passar ambas as mãos, com as pontas dos dedos, de um ao outro lado dentro da água, repetindo muitas vezes essa operação. São passes de fluidificação. É escusado dizer que não dispensa a respectiva concentração (fig. 65).

1.º TEMPO
Fig 65 — *"Imposição dupla" sobre a água*

2.º TEMPO
Fig. 66 — *Passe sobre a água: as mãos são movimentadas de um lado a outro da banheira*

Reportando-nos à água fluida, não podemos nos furtar de lembrar o querido Espírito amigo Emmanuel, sobre o assunto, com ensinamentos tão relevantes como seguem:

A ÁGUA FLUIDA

> "E qualquer que tiver dado só que seja um copo d'água fria por ser meu discípulo, em verdade vos digo que, de modo algum, perderá o seu galardão" — Jesus — Mateus, 10:42.

Meu amigo, quando Jesus se referiu à bênção do copo de água fria, em seu nome, não apenas se reportava à compaixão rotineira que sacia a sede comum. Detinha-se o Mestre no exame de valores espirituais mais profundos.

A água é dos corpos o mais simples e receptivo da Terra. É como que a base pura, em que a medicação do Céu pode ser impressa, através de recursos substanciais de assistência ao corpo e à alma, embora em processo invisível aos olhos mortais.

A prece intercessória e o pensamento de bondade representam irradiações de nossas melhores energias.

A criatura que ora ou medita exterioriza poderes, emanações e fluidos que, por enquanto, escapam à análise da inteligência vulgar e a linfa potável recebe a influenciação, de modo claro, condensando linhas de força magnética e princípios elétricos que aliviam e sustentam, ajudam e curam.

A fonte procede do coração da Terra e a rogativa que flui no limo d'alma, quando se unem na difusão do bem, operam milagres.

O espírito que eleva na direção do Céu é antena viva, captando potências da natureza superior podendo distribuí-las em benefício de todos os que lhes seguem a marcha.

Ninguém existe órfão de semelhante amparo.

Para auxiliar a outrem e a si mesmo, bastam a boa vontade e a confiança positiva.

Reconheçamos, pois, que o Mestre, quando se referiu à água simples, doada em nome da sua memória, reportava-se ao valor real da providência, em benefício da carne e do espírito, sempre que estacionem através de zonas enfermiças.

Se desejas, portanto, o concurso dos Amigos Espirituais, na solução de tuas necessidades fisiológicas ou dos problemas de saúde e equilíbrio dos companheiros, coloca o teu recipiente de água cristalina à frente de tuas orações, espera e confia. O orvalho do Plano Divino magnetizará o líquido, com raios de amor, em forma de bênção, e estarás, então, consagrando o sublime ensinamento do copo de água pura, abençoado nos Céus.

(Página recebida pelo médium Francisco Cândido Xavier, em sessão pública da noite de 5-6-50 em Pedro Leopoldo.)

3.ª Parte

INFLUENCIAÇÕES
ESPIRITUAIS

PATOLOGIA FLUÍDICA

INFLUENCIAÇÃO (*1.º grau da patologia espiritual*)

Temos que todas as doenças penetram no corpo através do Espírito (ou perispírito). Mesmo as traumáticas ou acidentais, como as que tiveram originàriamente a sua causa nas correntes perturbadoras.

As perturbações começam sempre atuando, primeiramente, a distância, e, aos poucos, vão se aproximando da vítima até apoderar-se totalmente do Espírito e do corpo (fig. 78).

A princípio, são ligeiras influenciações obsidientes dos maus fluidos emitidos pelo perseguidor. Encontrando acolhida favorável, ou seja, vibração semelhante, as nuvens escuras vão se acercando de presa até o seu envolvimento completo. O Espírito obsessor pode estar a qualquer distância no espaço ou na terra, uma vez que os fluidos são emitidos através do pensamento. O obsessor tanto pode ser encarnado como desencarnado. Age o encarnado sobre o Espírito, onde este se achar ou o Espírito age sobre o encarnado, sendo o bastante que as vibrações mentais tenham direção e se harmonizem. Enfim, todos podem influenciar uns aos outros, porque todos são espíritos.

Dentre os espíritos maus há alguns de inteligência sumamente desenvolvida. Agem mui sutilmente, infiltrando-se devagarinho, quase imperceptivelmente, nos pensamentos e atos da vítima escolhida, como a serpente a magnetizar os pássaros até seu completo domínio.

Da obsessão passa o desencarnado a lesar o organismo material, determinando alterações graves no funcionamento dos órgãos, e, afinal, a obsessão e os trespasses da vítima (fig. 72).

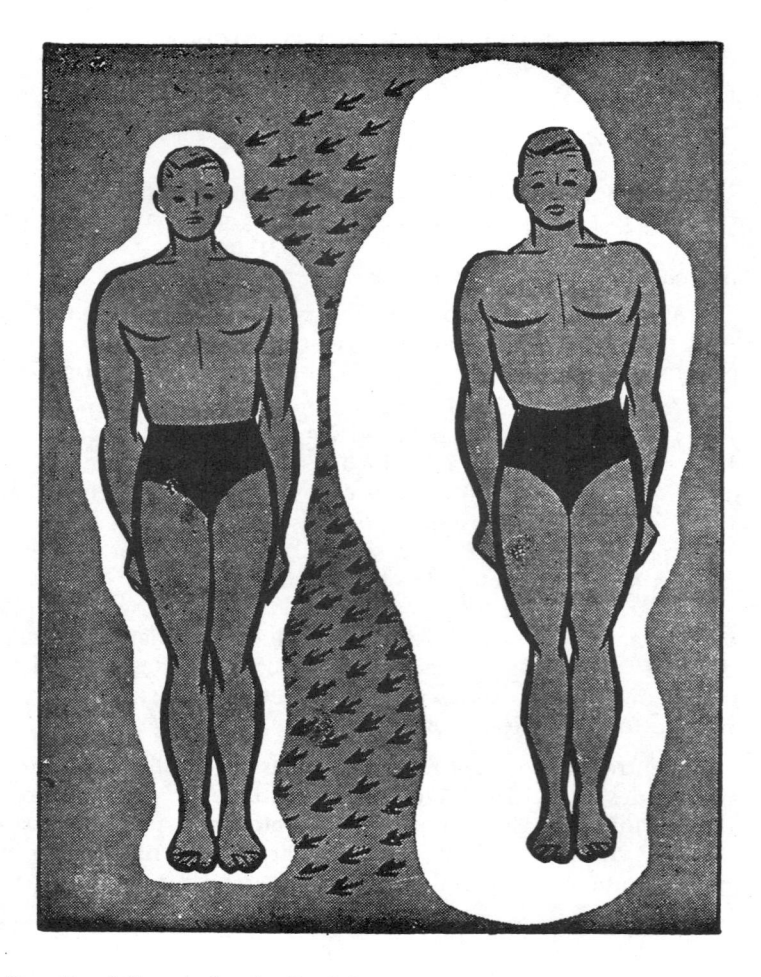

Fig. 67 — *Influenciação de Bondade* — Expansão de aura amiga (aura clara) que se esforça para atuar sobre seu semelhante com objetivos benéficos. Observe-se a posição da aura de ambos e a posição dos raios emitidos.

DESARMONIA PSÍQUICA

FIG. 68 — *Contágio pela má influência*

A pobre empregada traz o espírito em luta com a sua própria desarmonia psíquica. Entretanto, os patrões se mantêm em vibração harmoniosa, manifestada pela coloração de sua aura. Porém, esta assistência escura, que tortura a infeliz serviçal pode contagiar aos que dela se aproximam, perturbando-lhes a paz. Pois os maus espíritos que a rodeiam, procuram, por todos os meios, perturbá-la. Ora é um prato que lhe cai da mão, uma xícara que entorna, e os patrões ou quem vive com ela, estão sujeitos a ser influenciados através da médium obsidiada.

ESPÍRITO VINGADOR (fig. 69)

O espírito de vingança sobrevive após a morte do corpo carnal. Mormente quando entre dois, um reencarna primeiro, o que demonstra certo merecimento.

O que fica no espaço, usando do poder que lhe é peculiar, como mau, projeta a sua perseguição sobre a pequena vítima reencarnada. Muitas alterações mentais começam no berço sem que ninguém atente para a vida espiritual. Muitas anomalias psíquicas de filhos que se colocam contra os pais ou vice-versa, asmas, epilepsias, nas suas diversas formas, podem ter sua causa espiritual.

FIG. 69 — *O espírito vingador projeta dardos fluídicos sôbre a criança, enquanto seu Espírito Protetor estabelece a corrente magnética de defesa*

Na nossa gravura vemos o vingador invisível atacando a criança, projetando-lhe fortes raios de ódio. O pequeno, pela sensibilidade do espírito infantil, grita e pede socorro na sua inocência, levantando as mãozinhas. Parece que ninguém lhe atende; entretanto, seu Espírito Protetor, o seu anjo da guarda o ampara, formando uma rede magnética protetora que impede a penetração dos raios maus.

ALUCINAÇÃO

Na alucinação, os espíritos obsessores criam formas de animais inferiores os mais horrendos para atormentar a mente de sua vítima.

Há alucinados que só vêem um animal que os ataca, sempre furioso. Outros são perseguidos por formas de répteis, larvas e bichos diversos. O caso de Margarida, citado por André Luiz em "Libertação", de Francisco Cândido Xavier, dá-nos uma idéia completa do que é uma tenaz possessão.

FIG. 70 — *Alucinação — Formações fluídicas*

Quando o doente é despertado a tempo de socorrer-se pelo espírito, então muita coisa é possível ser evitada.

O tratamento adequado é feito pelos passes diversos, aplicáveis a cada caso, inclusive sopros, quando bem orientados, e severa doutrinação evangélica, aos que assistem.

OBSESSÃO (*2.º grau patológico-espiritual*)

A obsessão é o segundo grau das influenciações maléficas. O obsessor já está senhor do campo a atacar, manifestando e, mesmo, impondo o seu mau instinto através dos fluidos mediúnicos da vítima, a qual praticará atos incompatíveis com o seu estado normal de bom senso.

Reconhece-se quando é obsessão, pelas pausas que faz a ação do mal. Nestas pausas, o doente retorna ao seu estado normal, como se estivesse completamente restabelecido. Isto não é regra, mas a maioria se processa desta forma. Vezes há que o obsessor não se arreda da sua presa, principalmente os vingadores.

Ligada ao fenômeno espiritual, existe, muitas vezes, a lesão orgânica, já existente anteriormente, da qual se aproveitou o espírito do mal para mais sacrificar o seu escolhido ou que êle mesmo, por sua atuação, já cavou fundo nos órgãos do corpo.

O tratamento requer, além dos passes e doutrinação, muita força de vontade por parte do doente e ajuda dos familiares. A perseverança vencerá.

POSSESSÃO (3.º *grau patológico-espiritual*)

A possessão é o domínio completo do obsidiado. O obsessor deixou de atuar a distância e se colocou de tal forma

FIG. 71 — *Possessão*

aderente à aura do médium enfêrmo que este obedece cegamente as vontades do perverso inimigo, praticando atos inconscientes, estranhos ao seu conhecimento.

A possessão do médium pode ser por um ou mais Espíritos maus, como Madalena do Evangelho que era possuída de 7 demônios. Podem êles formar grupos perseguidores como representa a gravura da página 149 e se ajuntarem ao médium até a sua completa liquidação.

A medicação é sempre a mesma: dos passes e dos fluidos. Também a homeopatia pode ser um grande auxiliar, para reajustamento orgânico.

FIGURAS ALEGÓRICAS

CRIAÇÕES FLUÍDICAS ESPIRÍTICAS PARA PERSEGUIÇÕES NO CORPO HUMANO

Cérebro

O polvo se adapta às costas colando como uma folha, para atacar os pulmões, a circulação sanguínea e o sistema nervoso.

Aranha recobrindo o coração para transmitir-lhe o veneno

Coração

Estômago

Fígado

Intestinos

Aparelho genito-urinário

Lombricóides.

Solitária ou Tênia.

Os perseguidores atacam de preferência os plexos, principalmente o plexo solar, para atingir toda a região do ventre, estômago e rins.

Os maus espíritos tomam as formas mais diversas a fim de perseguir as suas vítimas. Uma das partes mais atacadas são os intestinos, ou forma de colites onde os "vampiros" criam perturbações na vida vegetativa do "grande simpático".

Lição Décima Segunda

Trabalhos combinados entre médiuns e Espíritos — Curas maravilhosas.

*

* *

Estando o médium integrado nas exigências da "Condição Básica" (ditada pelo Espírito de André Luiz e que figura no começo deste livro a título de roteiro para os médiuns que desejam bem servir ao Senhor) do bom trabalho, para prestar socorro aos sofredores deste plano ou do invisível, que se valham do espiritismo para dar alívio aos padecimentos morais ou físicos, deve ele reconhecer que a sua missão, conquanto seja realizada na Terra, dada a sua condição de encarnado, não paira somente no terreno das realizações materiais. Ela vai para os espaços siderais. Os Podêres Espirituais, constatando através do pensamento evangelizado, que há ali um servidor de boa vontade na prática do bem, são-lhe designados Espíritos amigos e sábios para assisti-lo nos trabalhos de verdadeira caridade cristã.

Não importa a orientação religiosa que professe.

Pode mesmo não ter religião alguma e até ignorar a existência de Deus e Jesus Cristo. Estando, porém, com os exemplos do Mestre Amigo no coração, faz-se merecedor da ajuda dos Espíritos Missionários. Exemplos assim há-os por toda parte do mundo, para conhecimento dos humildes e simples e confusão dos sábios, de acordo com os ensinamentos evangélicos.

A cultura intelectual é progresso e pode ser muito útil, mas a luz espiritual só a encontramos nos corações moldados no roteiro traçado pelo Mestre Divino.

O que valem a inteligência, a intelectualidade, a sabedoria enfim, o progresso material dos bens terrenos, os conhecimentos e os evangélicos sem obras, perante os dons do coração? Muitas vezes, faz mais uma "benzedeira" do que profundo cientista da medicina, diante do enfermo desenganado. Por que tudo isso? Poderão perguntar. Porque na seara do Divino Médico trabalha-se com o coração e não com o cérebro, embora ambos tenham ação conjugada.

Irradiar fluidos, todos os corpos o fazem. Porém, irradiar fluidos benéficos, curadores, finos, só os que praticam o bem pelo bem, a caridade pelo amor de servir ao irmão necessitado. Não há alternativa. É o "sinal dos crentes", como rezam os ensinos do Mestre.

As curas maravilhosas, ou sejam, os chamados milagres, transitam através destes estudos: o preparo do médium e a fé do enfermo. A conjugação de fluidos opera o impossível para a humanidade. E quem já chegou até lá? Contam-se a dedos quão difícil é subir a escada de Jacó! Entretanto, que não se percam as esperanças. A pedra bruta, à força do martelo e da talhadeira, chega a espelhar as imagens dos Céus. Coragem, amigos.

Os bons fluidos são aproveitados em qualquer lugar e hora. Os trabalhadores do Senhor não dormem. Onde está o médium servidor, aí estarão eles. Seja nas sessões espíritas ou isolados, os médiuns em trabalho ativo estarão sempre em ligação com os Espíritos do bem. Fora dos recintos em reunião, o médium está sempre irradiando fluidos da sua qualidade mediúnica. Mesmo quando em repouso pelo sono, são utilizados pelos Espíritos para socorrer necessitados.

Lembrai-vos, amigos, das "Condições Básicas"!

Lição Décima Terceira

TRATAMENTO INDIVIDUAL E EM GRUPOS

Organização das sessões de curas — Tempo de duração dos trabalhos — Horário prefixado — Grupo de médiuns em ação — Valor da meditação no silêncio — Escolha de médiuns especializados.

º
º   º

Há muita distinção entre o tratamento individual e o em grupo. Este é feito em sessões espíritas especialmente organizadas para esse fim.

No tratamento individual há a observar se o paciente necessita apenas de um passe reconfortante ou se precisa de tratamento mais bem orientado. Neste caso é preciso instituir um método de tratamento com dia e hora marcada, principalmente quando o doente está a domicílio. Nos casos onde a desencarnação esteja próxima, o médium está na obrigação de pedir sempre a assistência do médico, para evitar futuros dissabores.

Não tendo o médium tempo suficiente para atender o doente de acordo com a necessidade do caso apresentado, é de bom alvitre não começar o tratamento. Pois, um tratamento iniciado requer ordem e prosseguimento até o final. Caso contrário o doente poderá sofrer reações de funestas conseqüências. O tratamento deve realizar-se pontualmente na hora certa e combinada.

No aposento onde está sendo transmitido o passe deve haver uma corrente de médiuns se possível; não haja barulho de espécie alguma, nem curiosos ou animais domésticos. As pessoas que porventura assistirem aos trabalhos não devem ser contrárias à doutrina ou ao tratamento espírita. O doente deve ser aquele que mais deseja a sua cura. Escolhida a parte do corpo para o passe, coloca-se o doente em assento mais baixo, para facilitar o serviço do médium, em todos os lados.

ORGANIZAÇÃO DAS SESSÕES

No tratamento reunido em sessão, devem estar presentes somente o dirigente, os médiuns escolhidos e os doentes, sendo que as pessoas acompanhantes destes ficarão á distância, fora da corrente, recomendando-se com rigor não trazer crianças e nem adultos que manifestem idéias contrárias ao espiritismo.

O tratamento pode ser feito em sentido geral ou, se houver tempo, é aconselhável ministrar o passe individual a todos os parentes, inclusive aos médiuns, como preparação dos trabalhos espirituais.

O período de trabalho de cada sessão não deverá exceder de 45 minutos, no máximo, a fim de não esgotar os médiuns nem fatigar os enfermos.

A ordem mais aconselhável é a seguinte:

1.º) 5 minutos de silêncio para preparo do ambiente,
2.º) 5 minutos para prece e abertura dos trabalhos,
3.º) 25 minutos para doutrinação evangélica,
4.º) 5 minutos para vibrações a distância e curas,
5.º) 5 minutos para prece de encerramento final.

—
45 minutos.

Esta regra é a mais recomendável, porém, não é de absoluto rigor para ser seguida. O bom senso de cada dirigente dos trabalhos imprimirá à direção o que mais lhe parecer conveniente, sem, todavia, fugir aos princípios citados, os quais são o conjunto normal dos trabalhos espirituais. Não aconselhamos também reunir muitos doentes numa só sessão. No máximo trinta doentes, para que os fluidos sejam bem distribuídos equitativamente. Os Mentores Espirituais trabalham no silêncio das sessões.

PERIGO DE CONTÁGIO

No tratamento em grupo não se deve permitir a presença de doentes portadores de moléstias contagiosas ou que exalem mau cheiro ou que sejam repugnantes, isto não nos cansamos de recomendar. Mesmo os que estiverem atacados de gripes ou apenas resfriados, são perigosos na permanência do grupo. Estes ficarão a distância, fora da corrente mediúnica.

ESCOLHA DE MÉDIUNS ESPECIALIZADOS

Para as sessões de curas, os médiuns devem ser escolhidos. Precisam ser especializados na missão de curar, depois de terem passado pelas "Condições Básicas" de preparo indispensável. Os médiuns sem o devido preparo só podem servir de escolhos aos trabalhos. Pois pouco ou nada pode ajudar, quem não sabe fazer. Perdem-se no turbilhão de idéias e pensamentos diversos, quando não se entregam ao sono repousante. Outros, em vez de dar, absorvem os fluidos captados pela própria necessidade orgânica. Estes prejudicam.

O SILÊNCIO

Muitas pessoas, infensas à religião, se mostram inquietas com os letreiros insistentes pedindo silêncio nas paredes dos centros espíritas ou casa de oração. Há razão muito importante para isso. Pois qualquer conversação ou barulho de passos, cadeiras fazendo ruídos, perturbam a manifestação de fluidos curadores. Os ruídos violentos, como pancadas ou estalos, pela deslocação de ondas que produzem, interferem na corrente mediúnica, abalando a concentração. Ademais, quando o médium está concentrado, exteriorizando fluidos naturalmente, qualquer choque que venha afetar o seu sistema nervoso não só o desconcentra como pode ser nocivo à sua saúde. Os raios da própria luz quando acesa bruscamente no escuro das sessões, violentam as expansões irradiantes.

O médium em concentração, principalmente os que são de desdobramento, sonambúlicos, merecem tôda atenção por parte de todos os presentes. Os que são despertados com violências, poderão sofrer acidentes. graves pelo choque vibratório e chegar mesmo a desencarnar, em virtude de inibição das forças magnéticas que mantêm o tônus vital orgânico. Quando isso não aconteça poderá sofrer, entretanto, queda de pressão sanguínea; outras desordens aparecerão, pondo o médium em desequilíbrio, ainda que seja por alguns dias.

Tudo isto está comprovado na prática das sessões experimentais. São conhecimentos rudimentares que os dirigentes de trabalhos espíritas devem conhecer perfeitamente, se não pelos estudos, ao menos pela prática.

Finalizando este capítulo, lembramos que uma sessão deve começar e terminar em hora certa, não permitindo a entrada e nem a saída de pessoas durante a realização dos trabalhos.

DECÁLOGO PARA ESTUDOS EVANGÉLICOS

1 — *Peça a inspiração divina e escolha o tema evangélico destinado aos estudos e comentários da noite.*
2 — *Não fuja ao espírito do texto lido.*
3 — *Fale com naturalidade.*
4 — *Não critique, a fim de que a sua palavra possa construir para o bem.*
5 — *Não pronuncie palavras reprováveis ou importunas, suscetíveis de criar imagens mentais de tristeza, ironia, revolta ou desconfiança.*
6 — *Não faça leitura, em voz alta, além de cinco minutos, para não cansar os ouvintes.*

7 — Converse ajudando aos companheiros, usando caridade e compreensão.
8 — Não faça comparações, a fim de que seu verbo não venha ferir alguém.
9 — Guarde tolerância e ponderação.
10 — Não retenha indefinidamente a palavra; outros companheiros precisam falar na sementeira do bem.

ANDRÉ LUIZ

(Página recebida pelo médium Francisco Cândido Xavier, na reunião pública da noite de 21/3/52, em Pedro Leopoldo.)

Lição Décima Quarta

AUTO-PASSE

Método para emprego do auto-passe — Condições para a sua aplicação — Auxílios dos Espíritos.

*

* *

Pelos estudos já realizados, vimos que os fluidos emitidos pelo homem poderão influenciar o seu semelhante, presente ou a distância. Esta faculdade de um homem atuar sôbre o outro por intermédio do seu próprio fluido está sobejamente comprovada, embora não seja admitida pela ciência oficial.

Dessa asserção temos nós, espíritas praticantes, provas cabais através dos trabalhos práticos diários que realizamos. Não resta a menor dúvida a respeito da transmissão de fluidos de homem para homem e, do homem sôbre si mesmo e mais ainda, até para animais inferiores ou coisas.

Aliás, o auto-passe, talvez tenha sido empregado primeiro do que o próprio passe. Pois o instinto animal manifesta-o quando procura amenizar a sua dor, lambendo as suas feridas. O homem assopra-se quando machucado ou se queima. É a prática do perfeito auto-passe. Para os espíritas, os Guias sugerem sempre a idéia do auto-passe. A prece é um dos recursos.

Nem todos os doentes podem recorrer ao auto-passe. O auto-passe requer concentração, mesmo momentânea, para que o enfermo se coloque em condição receptiva. Porém, quem está em aflição, em dores agudas, sistema nervoso abalado, jamais poderá ficar de boa concentração. Sabemos que os próprios médicos recorrem a colegas. Não receitam para si mesmos, por certo, na impossibilidade de se concentrarem.

Os espíritos têm a faculdade de ligarem-se mentalmente com os Espíritos Mentores e êstes os socorrem.

O auto-passe estimula a reação orgânica, produz a calma e o doente readquire o poder de concentração.

A vida agitada que atravessa a humanidade nesta fase de progresso material e também espiritual, aliada às mudanças bruscas de temperaturas, muito comum em certas regiões nossas, o cansaço da luta diária pelo afanoso ganha--pão, tudo causa enfermidades psíquicas e orgânicas.

Ao invés do trabalhador levar a calma e a paz ao lar, aborrece-se com tudo que se lhe depara pela frente, se enraivece, sobrevindo, assim, discórdias, inapetências, insônias, gripes, resfriados, quando outros órgãos importantes da economia não são afetados.

A causa é a pura imprevidência nossa. Pois, se nos abstivéssemos da ligação mental com essas perturbações inferiores, alijando-as para longe dos nossos pensamentos, os bons encontrariam guarida em nossas idéias, e os maus manter-se-iam a distância.

AUXÍLIO DOS ESPÍRITOS NO AUTO-PASSE

Todas as criaturas de Deus têm o seu anjo tutelar, espírito guia, protetor, enfim o nome que se lhes queira dar, que as acompanha pajeando nos menores atos, movimentos, desejos ou idéias. São verdadeiros amigos assistentes que riem conosco nas nossas alegrias e choram também quando nos amarguramos por qualquer infelicidade que nos ataque. Ajudam-nos em todas as dificuldades, não só morais como materiais.

VIBRAÇÃO ESPIRITUAL

Cientìficamente, vibração é a repercussão de sons emitidos. Vibração Espiritual é muito diferente de vibração material. Não se deve confundir vibração com concentração.

Vibrar espiritualmente é emitir pela força de vontade ondas vibratórias para determinado fim. Não é o pensamento que age; todavia ele é o veículo que transporta as vibrações, dando-lhes a direção projetada.

Todos os corpos sonoros vibram, como por exemplo: os sinos, as cordas dos instrumentos musicais, etc. Os sons articulados se alargam em ondas concêntricas em direção até onde possam atingir a força vibratória. Ao passo que a vibração espiritual, parte do sentimento manifestado pelo coração com o fim de atingir determinado objetivo, próximo ou a distância.

Para se emitir vibrações de curas ou socorro, geralmente eleva-se o pensamento ao Mestre Jesus, e suplica-se-lhe pelo sentimento de caridade, a intercessão pelo enfermo necessitado, onde ele se encontrar, seja neste plano ou no invisível. A vibração é força materializável tanto quanto o pensamento. Um Espírito que está em vibração, está emitindo ondas, não sonoras como os instrumentos de corda, mas fluídicas, etéricas que avançam para a direção dada.

MEDITAÇÃO

Para o bom trabalho exige-se três estados do trabalhador da sementeira espírita. Em primeiro, *Concentração,* em segundo, *Meditação* e em terceiro, *Vibração*. De todos já falamos. Porém, a meditação requer alguns esclarecimentos mais detalhados.

Meditar é colocar-se no estado "passivo", repousando o pensamento sobre determinada coisa, deixando que as idéias se encarreguem na sua movimentação de se firmar na elucidação do que preocupa o sentido. Quem medita se esclarece e se ilumina na orientação dos bons sentimentos.

EDUCAÇÃO DOS OLHOS

O médium curador necessita ter o pensamento, os atos e palavras educados, bem como os órgãos dos sentidos com a finalidade para o bem. Destes, sobressaem, com suma importância, o pensamento e os olhos, que constituem instrumentos do Espírito. O pensamento deve estar educado, para agasalhar, somente o que é agradável a Deus.

Os olhos são a luz que apreende as imagens exteriores, recolhendo-as para o Espírito.

O olhar precisa ser educado nos bons sentimentos, bem como de muito exercício para concentração magnética. O médium de olhar educado, não vê as coisas más senão pelo sentimento de caridade, orientando-se pelo: *socorra e passe adiante*.

O olhar viciado na malícia, no mal, produz nuvens no Espírito e atrai más influências. Deve ele ser purificado sempre pelas boas intenções.

O olhar para concentração magnética deverá preparar-se em exercício diário, diante de um espelho, começando, primeiro durante 30 segundos, depois um minuto, depois dois, depois 3, até 5 ou dez minutos, sem piscar, isto é, sem desviar o olhar, fixo nos seus que se refletem no espelho.

Lição Décima Quinta

MAGNETISMO DA MÚSICA

Porque se faz música suave — Músicas violentas são forças perturbadoras.

o

o o

Os sons constroem força magnética de acordo com a sua vibração. Se são suaves e melodiosos, os fluidos são benéficos e agradáveis. Se são violentos e ferem os nossos ouvidos, causam-nos mal-estar, perturbam o nosso equilíbrio espiritual e nos roubam a calma.

Os sons em música rítmica para acalentar o homem vêm de tempos muito longínquos. Os peixes e os pássaros, antes do homem, por certo, já se extasiavam com a música desde épocas primitivas; usavam-na os pastores para apascentar as suas ovelhas através de flautas e outros instrumentos melodiosos.

Nos tempos atuais, a música concorre para a formação de ambientes homogêneos, nas casas de oração (ou de harmonia descontrolada).

Nas sessões espíritas, entram com a sua suavidade para preparar o ambiente, condensando os fluidos amenos na atmosfera de caridade. A que é melodiosa tem força de atração magnética, pela ação de concentração dos ouvintes. Os fluidos finos emitidos pelos que estão reunidos se aglutinam no ambiente formando linhas de forças curativas.

As músicas violentas são forças destruidoras pela desintegração que provoca nos corpos e no ambiente.

ALGUMAS INDICAÇÕES DE TERAPÊUTICA DOS FLUIDOS

Os passes possuem ação terapêutica, isto é, efeitos medicamentosos. Não se trata de uma terapêutica especializada, onde cada sintomalogia patológica requeira um passe especializado. Sendo o passe um condensador de fluidos, nunca possuímos uma prova material, palpável, da sua ação no organismo, a não ser pela manifestação do doente.

Entretanto, como o passe em espiritismo tem sempre como auxiliar os Bons Espíritos, e não havendo para eles a impenetrabilidade da matéria, os médiuns curadores são intuídos para a aplicação de passes especializados, de acordo com cada caso de doença, conhecidos que são os pontos de intervenção no corpo humano, ou seja, a localização dos plexos nervosos.

Todavia, com o intuito de prestar ligeira orientação aos que se iniciam no conhecimento dos passes, vamos dar algumas das muitas aplicações terapêuticas.

Em primeiro lugar, não se inicia nenhum tratamento fluídico sem um passe de desembaraçamento dos fluidos pesados, que, porventura, estejam envolvendo o doente. Este passe é de extensão, isto é, o longitudinal, partindo da cabeça até o epigástrio, pela frente do paciente, e quando necessário, por detrás também.

Depois deste, podemos começar qualquer tratamento especializado, ou seja, de determinada doença.

QUEIMADURA — Aplica-se o *sopro quente*, repetidamente sobre o local queimado, até que a dor cesse. A queimação desaparece e nem as bolhas e supuração serão formadas. Além desta indicação, combate os estados congestivos, unheiros, tersóis, defluxos, enxaquecas e qualquer dor localizada, principalmente a de cabeça (congestiva).

CONTRATURAS — As contrações dos músculos e nervos são produzidas por acúmulo de fluidos que se condensam nos tecidos. Depois dos passes manuais de dispersão, o mais indicado é o *sopro frio*, repetido muitas vezes, até que se desfaçam as contraturas. Sopra-se sobre todo o corpo, principalmente sobre os plexos, distinguindo-se o PLEXO SOLAR.

CALMANTES — Os passes calmantes, são todos os longitudinais, sobressaindo o de Grandes Correntes, que têm grande ação nas febres em geral e estado de angústias. (Aflições.)

DESOBSTRUÇÕES — Todas as desobstruções são realizadas pelos passes ROTATÓRIOS e pela água fluida, em jejum e à noite.

DOR DE CABEÇA — Cessa imediatamente com a "imposição das mãos" sobre a cabeça e passes longitudinais

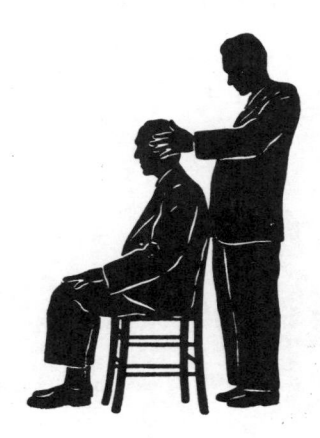

Fig. 73 — *Imposição Dupla nos ouvidos*

partindo do plexo braquial, quando for a dor por congestão. Quando há disfunções, emprega-se o passe de Grandes Correntes. Nestas dores de cabeça a medicação curativa encontra na homeopatia poderoso auxiliar.

INFLUENCIAÇÃO (veja-se fig. 78) — São perturbações psíquicas que começam por ligeiras alterações mentais que, quando acentuadas, passam a afetar o organismo, preparando o caminho para avanços maiores, até a obsessão. Os passes longitudinais são os indicados até um determinado ponto, seguidos pela doutrinação evangélica.

OBSESSÃO (veja-se figs. 70 e 71) — É a fase secundária da influenciação. Caracteriza-se pela alucinação dos sentidos, com fases de libertação em que voltam a calma e a lucidez, para logo após retornar o assédio do obsessor. Os passes de mais efeito são os de extensão da cabeça aos pés com paradas nos plexos, sendo obrigatória a freqüência às sessões de doutrinação.

POSSESSÃO (veja-se figs. 72 e 74) — É a posse completa da vítima pelo espírito perseguidor, que maneja impondo a sua vontade ao corpo e espírito do doente. Não se afasta um instante sequer. O tratamento indicado são os passes, e, se houver lesão orgânica, ajudar com homeopatia. Voltando à compreensão, iniciar a doutrinação evangélica e se puder, comparecer às sessões espíritas, especializadas para esse fim.

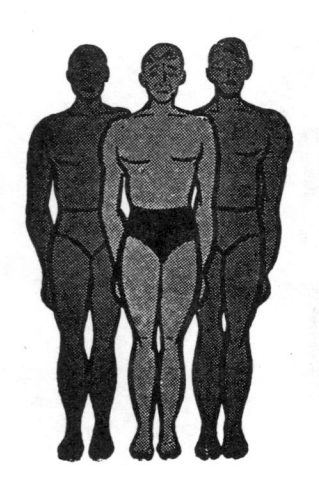

FIG. 74 — *ESCOLTA SINISTRA* — *Depois dos espíritos maus tomarem conta do médium, não mais o deixam em paz. Como na gravura ao lado, postam-se atrás da vítima e escoltam-na dia e noite. Uns fazem para perseguir o médium, outros apenas para poderem satisfazer os seus desejos através do corpo e da energia do pobre encarnado.*

LESÃO ORGÂNICA — Quando há órgãos lesados internamente ou externamente, não desprezar o tratamento material através da homeopatia e mesmo da alopatia, como coadjuvante para cura.

AURA MATERIAL

FIG. 75 — *Aura Material das coisas*

No sentido geral, todos os corpos dos três reinos possuem aura material. Não há corpo sólido, líquido ou gasoso que não tenha a sua aura, desde o átomo até o globo terrestre.

A gravura (fig. 75) ilustra a nossa asserção, demonstrando alguns corpos aureolados pela vibração da matéria.

A aura material é o produto vibratório da energia que gira pelas duas correntes centrífugas e centrípetas, como já demonstramos, sempre na cor branca, ou seja, incolor.

Nos seres dotados de pensamentos ela toma a coloração reflexa dos próprios sentimentos.

Lição Décima Sexta

SENSIBILIDADE FLUÍDICA DOS ANIMAIS E DAS PLANTAS

Plantas sensíveis ao contato exterior — Sensibilidade dos animais irracionais — Plantas de boa e má influenciação fluídica — Fluido benéfico das matas, para refazimento de energias enfraquecidas — Lugares saudáveis — Lugares de más influenciações.

o

o o

Todos os seres da natureza haurem nos fluidos do cosmo universal a substância necessária à sua nutrição e medicação, quando enfermos.

Não só o homem vive da constante permuta do ar que respira. Os animais e as plantas são também alimentados pelos fluidos etéricos. Recebem e dão na troca recíproca da vida, servindo a Deus no seio da fraternidade.

Entre as plantas (como entre todos os seres viventes), a sensibilidade é manifesta em todos os sentidos. Há plantas de boa e outras de má sensibilidade. Umas são amenas à aproximação do homem. Outras são irritantes e mesmo nocivas, pelos maus fluidos que irradiam. Pela classificação lembramos as que exalam mau odor, embora inofensivo. As que influenciam a distância, como a aroeira. As urtigas que queimam ao se lhes tocar. O conjunto das árvores que guardam em suas folhas fluidos pestilenciais que empestam os ares de mistura com as suas clorofilas.

A razão do homem procurar o campo ou as matas para recuperar forças perdidas na luta pela vida, bem como à beira das praias, encontra apoio nas emanações fluídicas que se acham acumuladas nesses lugares, pois não sofrem elas o desgaste pela movimentação humana das grandes aglomerações. Está patente a permuta de fluidos salutares silvestres com o homem.

Entretanto, a vigilância é a salvaguarda de todos os momentos. Nem todos os lugares são próprios para descanso, seja pelo terreno ou pelo matagal. São, às vezes, regiões que guardam veneno no ar atmosférico ou na terra onde nem os animais selvagens podem parar. As paragens sem perigo são as que ficam de face para o sol. Os rincões úmidos são pestilentos, ainda mesmo que sejam matas devastadas.

PLANTAS DOMÉSTICAS

As plantas domésticas, tratadas pelos fluidos animalizados, revigoram-se com muito mais viço do que as não tratadas por esse processo.

ANIMAIS DOMÉSTICOS

No reino dos irracionais, todos os de pelos longos são ótimos retentores de fluidos. Veja-se o gato, por exemplo, como se delicia quando se lhe passa a mão sobre os pelos da cabeça à cauda. O cão e o cavalo amansam-se quando lhes tocamos suavemente sobre os pelos. Porém, quando atuamos intensamente, deslizando a mão contìnuamente, no sentido da direção dos pelos, há, como no homem, acúmulo de fluidos e irritação.

AURA AMOROSA

Há auras que se repelem mutuamente (antipatia), outras que se atraem entre si (simpatia), outras que são neutras e há ainda uma neutra e outra impulsiva (veja-se a fig. 67). Neste caso está aquêle que foge da influenciação do outro. Há também as auras tímidas que são assediadas pelos perseguidores maldosos e que, se não houver reação a tempo, pode sofrer envolvimento para obsessão.

FIG. 76 — *Aura amorosa envolvente*

Na gravura 76 temos dois entes envolvidos por uma só aura de simpatia. Isto é, as auras vibrando uma igual a outra, se casaram numa só: É o caso, quando primeiro se casam as almas, para depois formarem um só corpo.

Lição Décima Sétima

SENSIBILIDADE DO CORPO HUMANO E DO ESPÍRITO

O corpo humano, pela rede de filamentos nervosos que recobre a pele, tem a propriedade de receber todas as impressões exteriores, através do perispírito que o aciona.

Temos, assim, a dupla sensibilidade, bem caracterizada, distinguindo-se desta forma o que é do Espírito, somente, e o que é da carne, sem prejuízo, todavia, de ambos agirem harmonicamente no conjunto individual.

É necessário muito discernimento para não confundir *sensibilidade* provocada por fluidos provindos da atmosfera (de fora para dentro) com sensibilidade material (de dentro para fora), cujo emissor está nos órgãos, como cérebro, coração, estômago e intestinos e seus respectivos plexos nervosos.

Como já vimos, o centro da sensibilidade é o sistema nervoso. Sem ele o corpo não tem movimento, isto é, o espírito não poderá agir persistindo somente a atividade que reside na vida vegetativa. A máquina, na realidade, está montada, com todas as suas peças ajustadas, porém em "ponto morto". Se o Espírito não imprime movimento, que são os fluidos, pelo sistema nervoso, permanece inerte.

Nas impressões exteriores, o corpo não é apenas suscetível de receber sensibilidade térmica. Há a sensibilidade extra-sensorial, o que denominamos mediunidade, indo até aos chamados sensitivos-médiuns, os quais tomam os estados sonambúlicos, consciente ou inconsciente. A sensibilidade no corpo humano se manifesta pela recepção de fluidos intensos, aumentando a sua ação pela continuidade do estado passivo.

O corpo carnal recebe e emite fluidos, como por exemplo, a fome pelos seus órgãos digestivos, nos dois sentidos, e pelas glândulas secretoras, com assentimento do Espírito.

O corpo espiritual humano, ou seja, o perispírito do Espírito encarnado, é a sensibilidade por excelência, captador de todas as vibrações que entram na sua atmosfera de ação, a qual constitui a sua zona de irradiação, cuja intensidade e extensão dependem da iluminação espiritual que possua (vide fig. 67).

Nenhuma impressão fluídica o corpo carnal recebe sem que lhe seja transmitida pelo Espírito. Estando o perispírito em relação direta com o corpo físico, do qual é parte integrante, transmite-lhe todas as impressões recebidas, quando assim o queira. À força de domínio, sobre o sistema nervoso, pode o Espírito reter a sensibilidade, não deixando que ela se manifeste no corpo carnal.

O corpo espiritual percebe pela sensibilidade a aproximação de qualquer influência fluídica que se lhe dirija a grande distância, ainda mesmo que não esteja em sintonia vibratória. Quando aceita pela passividade, exterioriza-se em ação pelo corpo carnal. Há a considerar as penetrações violentas dos fluidos perseguidores, forçando o Espírito a ceder, como no das obsessões e possessões.

PERISPÍRITO DUPLO, OU AURA MATERIAL DO HOMEM

Como já vimos, todos os corpos possuem a sua aura material. No homem esta aura se torna mais grosseira em virtude dos seus pensamentos que a impregnam dos seus fluidos materializados convertendo-se assim num verdadeiro duplo do corpo humano. A sua coloração está na dependência da elevação espiritual. Claro que pelas imperfeições, ele é escuro e num espírito ainda inferiorizado quando aperfeiçoado, vai se clareando, de acordo com os graus evoluidos que alcança no "amai-vos uns aos outros como eu vos amei", do mandamento de nosso Mestre Jesus Cristo.

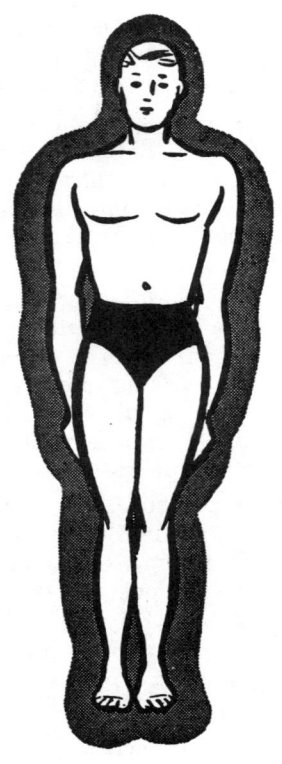

FIG. 77 — Perispírito

INFLUENCIAÇÃO

Na gravura da página seguinte temos uma aura boa, tímida, sofrendo a influência carnal intencionada de um espírito que deseja se aproximar da vítima (fig. 78).

Primeiro o mau segue pacientemente sua presa escolhida por muitos dias e mesmo anos, a fim de conhecer seus gostos, desejos e hábitos. Depois se planta ao lado, ten-

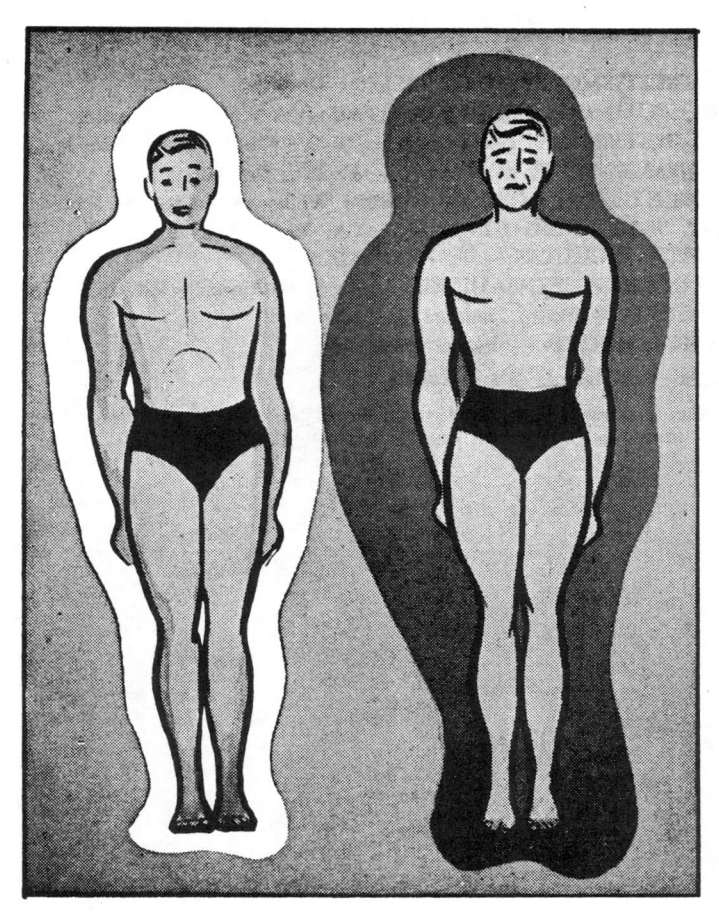

Fig. 78 — *Influenciação má sôbre o próximo pela projeção da aura*

tando infiltrar a sua aura escura na aura clara do pobre desprevenido. Isto se passa entre o espírito e encarnado como se dá o mesmo entre os dois encarnados, ou seja, entre espíritos somente.

OBRAS CONSULTADAS

MAGNETISMO PESSOAL — Heitor Durville.
PROJEÇÃO DOS EFLÚVIOS VITAIS — A. Lalia Paternostro.
MAGNETISMO CURATIVO — 1.º e 2.º volumes — Afonso Bué.
PENSAMENTO E VONTADE — Ernesto Bozzano.
A MENTE E O CORPO — William Walker Atkinson.
NOS TEMPOS DO HIMALAIA — A. Van Der Naillen.
FORÇAS OCULTAS — E. PENSAMENTO.
O PODER DO PENSAMENTO — W. W. Atkinson e Edward E. Beals.
BIOSOFIA — Pedro Deodato de Morais.
FORÇA MÁGICA — Potyra Catu.
Todas as obras de Allan Kardec.
Todas as obras psicografadas por Francisco Cândido Xavier, principalmente as de André Luiz e Emmanuel.

Impresso por :

gráfica e editora

Tel.:11 2769-9056